LEVERS OF CONTROL

How Managers Use Innovative Control Systems to Drive Strategic Renewal

管理控制

运用四大杠杆驱动战略执行

罗伯特·西蒙斯 — 著
（Robert Simons）

刘俊勇　安　娜 — 译

中国人民大学出版社
·北京·

图书在版编目（CIP）数据

管理控制：运用四大杠杆驱动战略执行/（ ）罗伯特·西蒙斯著；刘俊勇，安娜译．--北京：中国人民大学出版社，2024.7
ISBN 978-7-300-32579-8

Ⅰ.①管… Ⅱ.①罗… ②刘… ③安… Ⅲ.①企业管理 Ⅳ.①F272

中国国家版本馆 CIP 数据核字（2024）第 045390 号

管理控制——运用四大杠杆驱动战略执行
罗伯特·西蒙斯　著
刘俊勇　安　娜　译
Guanli Kongzhi——Yunyong Si Da Ganggan Qudong Zhanlüe Zhixing

出版发行	中国人民大学出版社		
社　　址	北京中关村大街 31 号	邮政编码	100080
电　　话	010－62511242（总编室）		010－62511770（质管部）
	010－82501766（邮购部）		010－62514148（门市部）
	010－62515195（发行公司）		010－62515275（盗版举报）
网　　址	http://www.crup.com.cn		
经　　销	新华书店		
印　　刷	北京联兴盛业印刷股份有限公司		
开　　本	890 mm×1240 mm　1/32	版　次	2024 年 7 月第 1 版
印　　张	8 插页 2	印　次	2024 年 7 月第 1 次印刷
字　　数	163 000	定　价	69.00 元

版权所有　　侵权必究　　印装差错　　负责调换

译者序

1995年，罗伯特·西蒙斯（Robert Simons）在他出版的畅销书《管理控制——运用四大杠杆驱动战略执行》中提出了控制杠杆的概念，迅速得到理论界和实务界的广泛关注。20世纪60年代，哈佛商学院教授罗伯特·安东尼（Robert Anthony）提出"管理控制"的概念。随着我国经济社会的发展，近年来国内对管理控制系统的研究和应用日益增多。控制杠杆理论作为管理控制系统的重要发展之一，涵盖了信仰控制系统、边界控制系统、诊断控制系统和交互控制系统四个基本杠杆，它们的共存构建了一种动态平衡，这些关系进而又保证了控制手段的有效性。其中，信仰控制系统传达组织的核心价值观；边界控制系统传达需要避免的风险，为寻找创新的人划定战略边界；诊断控制系统传达重要的绩效指标；交互控制系统则重点关注战略上的不确定性。控制杠杆理论涉及多个学科的知识，比如战略管理、控制系统、会计、绩效评价、企业创新等。因此，控制杠杆也吸引了诸多领域学者的目光。在实践中，由于组织管理面临的最基本的挑战是不仅要能够持续运营，还要有足够的创新，以适应瞬息万变的市场，因此许多组织都正式地或非正式地使用了控制杠杆。我们认为，控制杠杆具有诸多优点，该理论框架囊括了多种控制手段，从不同视角分析了控制系统的应用，尤其是在数字化转型的时代背景下，西蒙斯教授的独特见解能够为理论和实务搭建起一座桥梁，为战略管理控制提供新的认识和思考。

本书是罗伯特·西蒙斯教授在对100多家企业进行数据收集、对几十家公司及其管理者控制杠杆使用情况进行研究的基础上，推出的一部力作。书中阐述了一种新颖且全面的理论，向读者介绍如何利用信仰控制系统、边界控制系统、诊断控制系统和交互控制系统这四种基本杠杆来控制战略。本书旨在帮助读者清楚地了解如何有效地使用控制系统，利用这些对抗性力量来实现动态平衡并实施战略。本书不仅为科研人员提出了一套完整的商业战略控制理论和一系列可检验的论点，而且为实务界管理者提供了掌握控制商业战略的方法、示例以及实践技巧。

本书适合会计或管理专业的教学科研人员、博士研究生、硕士研究生、高年级本科生阅读，也可为各类组织管理者以及所有对控制杠杆感兴趣的人提供参考。

本书的翻译由刘俊勇教授及其研究生团队共同完成。参加本书翻译的有安娜、刘润萌、王超男、祝思远。同时，感谢北京智鼎管理咨询公司董事长、首席咨询顾问田效勋博士给予的支持，感谢上海蓬海涞讯数据技术有限公司王志刚总经理，在本书的翻译过程中，我们曾就一些关键术语的翻译进行商讨。由于水平有限，本书的翻译难免还有许多不足之处，敬请各位读者不吝赐教。

联系方式：18610318789@126.com。

刘俊勇

前言

管理者如何在创新与控制之间保持平衡？十多年前，我就是带着这样一个简单的问题开始撰写本书的。我从 100 多家公司收集到的数据显示了一个令人困惑且反常的现象：相比创新能力较差的公司，创新能力较强的公司反而更多地使用利润计划和控制系统。这与我的预期相反。因为现有理论指出，公司要想具有创新能力，就应当尽可能地避免正式控制的束缚，以减少官僚主义，激发创造能力。

从那时起，我开始研究几十家备受瞩目的公司及其高层管理者使用的控制杠杆。在哈佛大学任教期间，我对许多行业开展了案例研究，并与公司高管和正在攻读工商管理硕士（MBA）的学生们一起对某些理念进行完善。不少组织已经成功推行了这些理念。本书是一部以行动为导向的、讲述有关控制理论的书籍，力求在内容上做到既连贯又易于理解。

以往的管理学文献很少为战略控制提供系统性的指导意见，尤其是对于那些缺乏创新精神与灵活性的组织，可供参考的意见更少。我们非常了解分析市场和制定制胜战略的技巧，但是如果计划不能被成功实施，它们制订得再好也毫无意义。本书试图通过讲述成功管理者所使用的新理念和新工具来弥补上述理论与实践的差距，这些理念和工具可以帮助其他管理者正确把握创新与目标实现之间的制约关系，并将这种关系转化成利润增长。

本书面向的人群包括负责执行战略的总经理、设计并实施绩效衡量与控制系统的职能专家、管理学院的学生，以及正在发展管理行为理论的学者和顾问。本书利用会计与控制理论来揭示目标设定与绩效衡量的作用，利用战略管理来理解战略制定和实施的过程，利用商业政策来评估高层管理者面临的行政和管理挑战。

本书着重分析如何把握机会与注意力之间的平衡。这不是偶然的。在麦吉尔大学和哈佛大学这两所著名大学学习和工作的经历使我深信，专注于知识，再加上责任感，就能使正在显现的机会发挥作用。通过在麦吉尔大学管理学院撰写博士论文，我找到了一条远远超出我期望的道路。是哈伊姆·福尔克（Haim Falk）和亨利·明茨伯格（Henry Mintzberg）给我帮助和鼓励，让我踏上探索之路。有了他们作为榜样，我坚信在探索真理的道路上，无论是做人还是做学术，都会有所回报。

哈佛商学院是一个与众不同的学术殿堂，其肩负的艰巨使命和无可比拟的智力资源令我敬畏。我非常感谢那些曾经给予我许多帮助的同事，尤其是院长约翰·麦克阿瑟（John McArthur），正是他竭尽全力营造了使我十分受益的环境。我还要特别感谢两位同事，正是他们展现出了哈佛的独特之处。一位是鲍勃·卡普兰（Bob Kaplan），是他一直在学识方面给予我灵感和鼓励。作为同事和朋友，鲍勃既严谨又开明，热衷于发现重要问题和提出新的观点。另一位是沃伦·麦克法兰（Warren McFarlan），他利用个人的能力和影响力，充分调用公共资源支持我的研究和教学工作。同样重要的是，沃伦是一位令人敬重的同事和顾问，在我的研究和教学工作需要做出重要决定的时刻，给了我许多帮助，让我最终得以形成本书所阐述的思想。

我还要特别感谢克里斯·阿吉里斯（Chris Argyris），他以极大的兴趣帮助我把论点既严谨又条理分明地组织在一起。我也特别感谢希拉里·韦斯顿（Hilary Weston），他与我共同花了一年的时间（时光短暂）编写教材，把本书所讲的概念带到课堂上。在百忙之中抽出时间与我共同完成本书的还有乔·鲍尔（Joe Bower）、比尔·布伦斯（Bill Bruns）、罗伯特·伯格曼（Robert Burgelman）、查克·克里斯滕森（Chuck Christenson）、戴维·科利斯（David Collis）、德怀特·克莱恩（Dwight Crane）、马克·爱泼斯坦（Marc Epstein）、特里斯·弗拉赫蒂（Thérèse Flaherty）、杰伊·洛尔施（Jay Lorsch）、吉姆·麦肯尼（Jim McKenney）、丹尼斯·尼特豪斯（Denise Nitterhouse）、克里希纳·帕莱普（Krishna Palepu）、汤姆·派珀（Tom Piper）、理查德·罗森布鲁姆（Richard Rosenbloom）、比尔·罗奇（Bill Rotch）、丹·申德尔（Dan Schendel）、霍华德·史蒂文森（Howard Stevenson）、约翰·沃格尔（John Vogel）和约翰·沃特豪斯（John Waterhouse）。

博士生们可以优先接触到教授们新提出的、未经修饰的观点。作为正在接受培训的学者，他们验证这些观点的积极性和意愿对于新理论的发展与完善起着至关重要的作用。有几位博士生以特有的幽默感，对本书提出了很好的建议，他们是艾伦·布兰森（Alan Branson）、斯科特·卡姆林（Scott Camlin）、托尼·达维拉（Tony Davila）、戴尔·盖格（Dale Geiger）、斯科特·基廷（Scott Keating）、肯塔罗·科加（Kentaro Koga）、让-弗朗索瓦·曼佐尼（Jean-François Manzoni）、莎拉·马夫林纳克（Sarah Mavrinac）、查理·奥斯本（Charlie Osborn）和莎拉·塔斯克（Sarah Tasker）。

我还要感谢哈佛商学院的全体MBA学生以及参与该项目的行政工作人员和高层管理者，他们有意或无意地帮助我发展了本书所概括的理论以及行动原则，低估他们的看法和反馈意见会是一个严重的错误。波琳·海诺（Pauline Henault）和贝弗利·乌特勒姆（Beverly Outram）为我的各项研究和教学项目提供了宝贵的文秘支持。贝克图书馆（Baker Library）的工作人员在我工作的各个阶段都给予了极大的帮助。最后，得益于哈佛商学院出版社（HBSP）高级编辑卡罗尔·佛朗哥（Carol Franco）、总编辑芭芭拉·罗斯（Barbara Roth）和文字编辑帕特里夏·卡达（Patricia Carda）的鼓励和技术支持，原本粗糙的手稿得以印刷成为你们手中的这本书。

谨以此书献给我的父母琼（Joan）和莱斯（Les），以及我的妻子，也是我的灵魂伴侣朱迪（Judy），她同我一起经历了这一路上的成功和挫折。

罗伯特·西蒙斯
于马萨诸塞州科哈塞特

目录

| 第 1 部分 |
战略、组织和控制

第 1 章　导　论 …… 003
　　组织中的控制与控制系统 …… 005
　　控制商业战略 …… 008
　　本书结构 …… 011

第 2 章　平衡法则：需要管理的制约关系 …… 014
　　创造价值的动态平衡 …… 015
　　制定战略的动态平衡 …… 021
　　个人行为的动态平衡 …… 025
　　商业战略控制的动态平衡 …… 034
　　小结 …… 036

第 2 部分
基本控制杠杆

第 3 章　信仰与边界：确定战略领域　　　　　　　　039
　　信仰控制系统　　　　　　　　　　　　　　　　　039
　　边界控制系统　　　　　　　　　　　　　　　　　046
　　事实胜于雄辩　　　　　　　　　　　　　　　　　067
　　信仰、边界和管理者　　　　　　　　　　　　　　068
　　信仰、边界和职能专家　　　　　　　　　　　　　069
　　小结　　　　　　　　　　　　　　　　　　　　　070

第 4 章　诊断控制系统：实施既定战略　　　　　　　072
　　诊断控制的替代方案　　　　　　　　　　　　　　075
　　既定战略与关键绩效指标　　　　　　　　　　　　077
　　节约管理层的注意力　　　　　　　　　　　　　　085
　　设计诊断控制系统的考虑事项　　　　　　　　　　087
　　职能部门的作用　　　　　　　　　　　　　　　　106
　　作为诊断控制系统的资本预算系统　　　　　　　　108
　　小结　　　　　　　　　　　　　　　　　　　　　110

第 5 章　交互控制系统：适应竞争环境　　　　　　　112
　　战略不确定性　　　　　　　　　　　　　　　　　115
　　交互控制系统　　　　　　　　　　　　　　　　　117
　　将交互控制系统的概念与其他理论联系起来　　　　127

系统设计应考虑的问题　　133

　　管理者和职能部门的作用　　150

　　小结　　153

第3部分
控制商业战略的动态框架

第6章　控制杠杆的实际应用　　157

　　十位新任高层管理者如何使用控制杠杆　　159

　　第一类：战略转变　　163

　　第二类：战略改进　　173

　　相对成功　　181

　　管理者行为分析　　182

　　小结　　186

第7章　战略控制的动态平衡　　187

　　利用控制杠杆指导战略　　187

　　平衡授权和控制　　198

　　对管理者的建议　　203

　　小结　　212

附录A　控制杠杆清单　　214

附录B　信息技术的利用和滥用　　219

参考文献　　233

| 第 1 部分 |

战略、组织和控制

第1章

导 论

本书阐述了一种新颖且全面的商业战略控制理论。在过去的20年中，管理理论学家和经济学家投入了大量精力探索如何制定适应市场竞争的战略。他们已经针对差异化产品和服务提出了分析相对经济优势的技巧，但较少关注如何实施战略和控制战略。然而，如果企业管理者不了解战略实施的工具和技巧，再好的计划也毫无价值。

近年来组织和战略理论不断发展，而管理控制的主题可以追溯到20世纪60年代。"命令与控制"一词是以下这些与传统管理控制理论相关术语的基础：自上而下的战略、标准化与效率、遵照计划的结果、实现既定目标、保证事项正常进行。

但是，传统的命令与控制方法已经无法满足竞争环境的需要，因为创造力和员工的行动计划对于企业成功至关重要。日益激烈的竞争、飞速变化的产品和市场、新的组织形式的出现，以及知识作为竞争性资产的重要性日益凸显，导致命令与控制的重点发生了变化，具体反映为市场驱动战略、定制化、持续创新、满足客户需求和授权等概念。

命令与控制的新旧理论间的摩擦反映了其基本理念内部更深层次的冲突：

旧理论	新理论
自上而下的战略	顾客/市场驱动战略
标准化	定制化
遵照计划	持续创新
保证事项正常进行	满足客户需求
实现既定目标	授权

渴望持续创新并采用市场驱动战略的组织如何使用仅确保实现既定目标的管理控制方法？授权和定制化又该如何与仅要求标准化和遵照计划的管理控制方法相互协调？

在寻找这些问题的答案时，我们不能草率地否定传统的控制手段。我们需要考虑那些得到授权的组织如何防止下属因所获信息或期望目标与上级不同而做出错误决定，或者，如果复杂庞大的企业因持续创新而导致不必要的尝试和相互冲突的行动计划，又该如何坚定不移地实现其目标。

对理论家和实务管理者来说，了解如何在竞争激烈的市场中控制那些得到授权的组织是非常重要的。我的同事迈克尔·詹森在1993年的一次美国金融协会（AFA）会长演讲中明确指出："让公司的内部控制系统发挥作用是经济学家和管理学者在20世纪90年代所面临的重大挑战。"（Jensen，1993）

我们需要一个能够平衡竞争需求的新控制理论。必须对内部相互制约的因素加以控制,例如自由与约束、授权与责任、自上而下的命令与自下而上的创新、尝试与效率等。这些冲突不能通过二选一的方式处理,比如选择授权而放弃责任,管理者必须在组织中并用这两种方法。

本书提出一个全面的理论以展示管理者如何利用信仰控制系统、边界控制系统、诊断控制系统和交互控制系统这四种基本杠杆来控制战略。平衡上述系统间的制约关系不仅依赖于这些系统的设计,更依赖于了解管理者如何有效使用这些系统。这四种控制杠杆是嵌套的,它们能够同时发挥作用但各有各的用途。它们的整体作用在于每个杠杆产生的制约。

组织中的控制与控制系统

组织中实现控制的方法有很多,从直接监督到反馈系统再到社会和文化控制。雷思曾指出"控制"一词的含义多达57种(Rathe,1960,32)。显然,术语如果不被准确定义,就很可能引起混淆。

本书将聚焦于管理控制系统的信息层面——管理者用来在组织内传递信息、处理信息的杠杆。为了便于后续讨论,我采用如下的管理控制系统定义:

> 管理控制系统是一种正式的且以信息为基础的例行程序和步骤,管理者利用其保持或改变组织内部的活动模式。

这个定义有几个重要特征。首先，我重点关注的是正式的例行程序和步骤，比如规划、预算和市场份额监控系统，但是我们也讨论非正式流程将如何影响行为。其次，管理控制系统是以信息为基础的系统，高层管理者利用信息有多种目的：指出下属应当在哪些领域寻找机会，沟通计划与目标，监控计划与目标的完成情况，并随时向其他人通报新的进展（见图 1-1）。

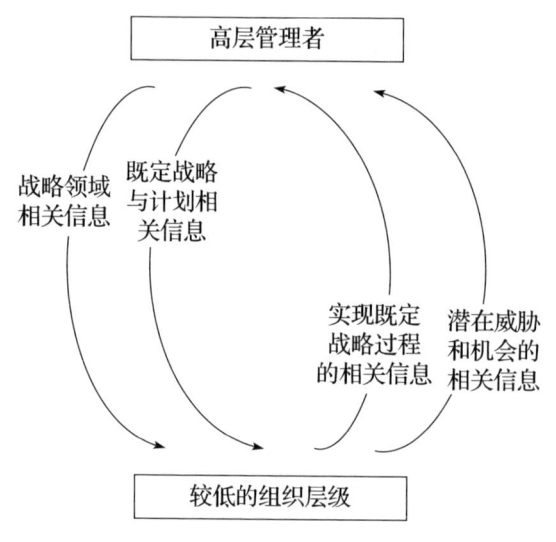

图 1-1　高层管理者实施战略时需要的信息

当这些基于信息的系统被用来保持或改变组织活动的模式时就变成了控制系统。理想的模式不仅包括以目标为导向的活动（例如，确保新店如期开张），而且包括一些意想不到的创新模式（例如，发现分店员工尝试新的店内布局从而使销售额超出预期一倍）。员工的创新会带来惊喜，因此管理控制系统必须包含既定战略，也要包括员工主动尝试创新而形成的战略。最后，我关注的是管理者使用的控制系统，而不是组织基层用来协调和规范经营活动的控制系统（例如，重复使用的质量控制程序）。

图1-2介绍了本书的框架结构。商业战略是本书的核心部分，它指的是一个公司如何与对手竞争并找到自己的定位。此外，指出了成功实施战略必须分析和理解的四个关键概念：核心价值观、要规避的风险、关键绩效指标和战略不确定性。每个概念分别受不同系统或杠杆的控制，也有不同的作用。这四种杠杆分别是：

1. 信仰控制系统，用于激励和指导寻找新的机会。
2. 边界控制系统，用于为探寻机会的行为确立界限。
3. 诊断控制系统，用于激励、监控和奖励某一特定目标所取得的成就。
4. 交互控制系统，用于激发组织不断学习并产生新创意、新战略。

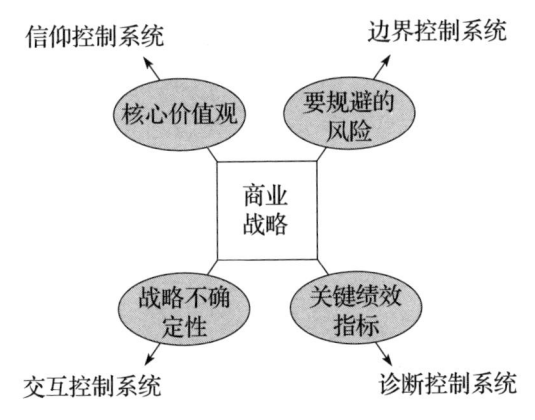

图1-2 控制商业战略：需要分析的主要变量

这四种杠杆产生了"阴""阳"两种对抗性力量来实现有效的战略实施。在中国哲学中，积极和消极的力量对立，它们创造的能量分裂成不同的力量，这些力量的融合创造了我们所知的世界。在上述控制杠杆中，信仰控制系统和交互控制系统产生了积极和鼓舞人心的力量，即为阳，代表太阳、温暖和光明；另外两种杠杆，边界控制系统和诊断控制系统产生约束并确保服从命令，即为阴，代表黑暗和寒冷。正如本书将会阐明的，高层管理者使用这些对抗性力量来实现一种动态平衡，从而有效控制战略。

选择这些杠杆并且合理使用对管理者来说十分关键。他们的选择反映了他们的个人价值观，展示了他们对待下属的态度，也将影响实现目标的可能性以及组织在较长的一段时间里适应环境和繁荣发展的能力。

控制商业战略

在制定战略控制的原则之前，我们必须对"战略"这个词有一个清楚的定义。与控制的概念类似，战略的定义似乎非常简单易懂，但若要在实践中对其加以描述，我们会发现有许多种不同的含义。亨利·明茨伯格（Mintzberg，1987a）指出，战略一词至少有四种截然不同的用法，可以指一个计划、一种行为模式、一个竞争定位和一种整体观点。我们将会了解，上述每一种用法分别受不同的杠杆控制。

我们最熟悉的用法是把战略看作一种计划或一个连续的既定行为过程。这种用法与军队中战略和战术概念密切相关，即将军制订作战计划并发布指令，而作战部队执行命令。在这本书中，我们通过监控关键绩效指标来说明管理者用于指挥和控制的诊断控制系统，关键绩效指标虽然数量不多，但对实现预期业务目标至关重要。

我们能够从行为一致性中推断出战略，即使这种一致性并没有被提前或是有倾向性地表现出来。亨利·福特（Henry Ford）在美国推出的T型车是黑色的（而在加拿大是蓝色的）。这种可观察的行为一致性是一种战略吗？正如明茨伯格所说：

> 记者每次谈到公司或者政府时都会用到战略一词，同样地，一个管理者每次谈到竞争对手或者是公司内高层管理者时也会用到战略一词。他们隐晦地将战略定义为一种行为模式——推断行为的一致性并将其标记为战略。当然，他们可能会更进一步地认为这种一致性是有意为之——也就是说，假设这个模式背后是有计划的。但这仅仅是一种假设，可能并不成立。
>
> 因此，计划和模式作为战略的两种定义，可以独立于彼此而成立：计划可能无法执行，而行为模式也可能在没有事先设定的情况下出现。用休姆（Hume）的话来说，战略并非源自刻意设计，而往往形成于人的一系列行为活动。(Mintzberg, 1987a, 13)

为了控制由员工自发产生的新的行为模式，管理者使用交互控制系统将注意力集中在战略不确定性因素上——这种不确定性可能会破坏当前竞争优势的基础。

把战略视作定位的观点认为，企业在产品市场上采用不同方式参与竞争。它们可能聚焦于产品的差异化、低成本或特定的客户群体（Porter，1980）。当把战略看作一种定位时，战略重点在于所选战略的内容或经济实质。例如，汽车制造商可以选择通过在外形设计（如德国宝马汽车公司）或价格（如现代汽车公司）方面竞争来赢得市场份额。管理者试图利用边界控制系统来控制战略定位，从而使组织关注需要规避的风险，这些可识别的、潜在的严重风险将随选择产品竞争市场而产生。

最后，惠普（Hewlett-Packard）、麦当劳（McDonald's）等许多组织对世界的看法根植于它们的历史和文化。对于这些组织而言，可以通过一种独特的观点或行事方式来分析战略。从这个层面上讲，战略之于组织就像性格之于个人。

> 所有对战略的定义不过是一种概念，其中暗含了重要的一点，即所有战略都是抽象的，仅仅存在于利益相关者的脑海中。没有人曾经见过或触及过所谓的战略，记住这一点很重要。每一项战略都是一种创造，无论是事前调节行为的意图，还是事后推断出来的行为模式，都是某个人思考、想象的结果。
>
> 但是，关于战略的定义最关键的一点在于达成共识。正如世界观、文化和意识形态所暗示的那样……战略是组织成员通过其意图和/或行动所达成的共识。事实上，在本

书中讨论战略时，我们正在进入集体智慧的领域，即由共同的思维和/或行为联合在一起的个体。因此，制定战略的关键就在于如何读懂集体智慧，以了解如何让各种意图在组织中传播开来，成为组织共识，以及如何在这种集体一致的基础上采取行动。（Mintzberg，1987a，16-17）

为了从这方面对战略加以控制，管理者采用信仰控制系统来传达和控制核心价值观，即企业的共同目标。

在四个基本控制杠杆之间保持平衡是有效实施战略的前提。实现这种平衡后，就可以同时从规划、模式、定位和共识四个方面对战略进行控制。虽然管理学者对战略制定给予了极大关注，但忽略了对战略的控制——包括对战略制定和实施过程的控制。本书介绍了一整套用于战略控制的理论，并说明了如何利用控制杠杆将理论付诸实践。

本书结构

企业管理面临的最基本挑战是不仅要使企业能够持续运营，还要有足够的创新以适应瞬息万变的市场。后面几章将研究管理者如何通过使用四个基本控制杠杆在上述两者之间取得平衡。第2章将通过对战略、组织和控制的设计基础和关键假设的分析，为后续内容打下基础。该章将重点讨论机会寻求、有限的注意力、自我利益和战略制定所引起的制约关系。

第2部分包括第3~5章，将逐步介绍基本的控制杠杆。这几章阐明了必须要加以控制的战略结构以及高层管理者使用的各种类型的控制系统。第 3 章分析了信仰控制系统和边界控制系统产生的对抗性力量。第 4 章讨论了诊断控制系统、绩效衡量和目标实现等。第 5 章说明了如何利用交互控制系统激励员工对战略不确定性的学习。

第 3 部分包括第 6 章和第 7 章,主要分析了控制商业战略的动态框架。第 6 章讲述了对 10 位新上任的管理者及其使用控制系统作为杠杆进行战略革新的实证研究。第 7 章通过阐述动态平衡是理解高层管理者如何使用这些技术控制商业战略的关键,将这些论点结合在一起。

最后,本书有两个附录:附录 A 提供了一个清单,说明了四个基本控制杠杆的内容、作用、形式、使用时机和实施主体;附录 B 讨论了在实践中应用这些概念时信息技术的利用和滥用。

任何管理控制理论都必须从三个维度进行评估:

1. 理论中包含的潜在变量的重要程度。
2. 控制系统变量与实现组织战略之间联系的明确性。
3. 证据的可靠性和真实性。(Merchant and Simons,1986)

本书介绍的框架参照了现有理论和时下正在进行的研究。并且尽可能采用经过检验的研究成果和实践范例来提供证据。好的理论应当有根有据[①],因此本书的全部论点经得起论证和检验。

---

① 人们永远无法证明某一假设成立,因为相互对立的解释可能永远存在。但是,可以通过观察不符合该理论预测的情况来证明某一理论或假设是错误的。

每个熟悉组织的人都知道,一个组织的日常运营会受到多种控制系统的影响。但是,对于管理者为什么或如何使用这些系统来完成其议程,几乎没有系统性的认知。利用拓扑法可以将之前一些不相关的现象条理化,从而发现没有明显外部关联的现象的相互关系(Tiryakian,1968,178)。因此,本书提出这个框架是为了得出一系列对研究人员和管理人员都有用的论点和预测。

读完本书,读者们将清楚地了解管理者如何以及为什么使用控制系统来实施战略。对于研究人员而言,本书提出了一个完整的商业战略控制理论和一系列可检验的论点。对于管理者而言,这些理论和示例为他们掌握控制商业战略的方法提供了实践技巧。

| 第 2 章 |

平衡法则：需要管理的制约关系

本章将介绍在协调组织、商业战略以及人的行为中产生的各种制约关系。如何使这些制约关系相互之间保持平衡是战略实施的重中之重。

单纯来看，组织是为了实现某种特定目的而存在的，比如制造机器或提供服务。但是，组织又具有多面性，它也是一种社会系统，是许多人组成的集体，借以满足个人和社会的各种需求。一个组织的集体行为规范以及内部权力模式都会影响其决策过程。组织内部包含了不同成员，他们关注自身利益，促使个人利益和组织需求之间达到一种平衡。

单独来看，上述提到的单独的任何一方面不足以反映组织全貌。仅仅把组织看作一种工具，或是一个社会系统，或者是由关注自身利益的个人组成的团体，都会忽视一些很重要的因素。一个有效的控制理论必须能够包容组织职能的多重性和同步性。

本书的理论基础是组织的三大动态平衡，它们反映了组织的不同方面：（1）创造价值的动态平衡；（2）制定战略的动态平衡；（3）个人行为的动态平衡。每一种动态平衡都会在组织内部产生一些制约关系，只有处理好这些制约关系并使之保持平衡才能有效控制商业战略。

创造价值的动态平衡

首先，我想说明，任何组织存在的目的都是把组织成员召集起来，他们可以发现各种机会，调动可用的资源，并将这些机会转化为价值产出。组织创立通常都是为了某种目的，它们通常是由那些认为与他人合作比单干更可能实现目标的人创建的。然而，组织创立后，并非就能理所当然地永远存续下去，成员们还必须为其存续而努力奋斗。

一个组织只有具备卓越的竞争力，抓住一系列机会并将其转化为社会所认可的商品或服务，才能长久地存续下去。所谓的卓越竞争力，是指这个组织无论是从绝对意义上来讲，还是从与其他组织竞争方面来讲，都兼具效能和效率。随着时间的推移，一家乡村五金店有可能被利用折扣形式改善服务的当地五金店取代；大航空公司也有可能被新开航的地区航空公司取代。如果一个组织无法抓住机会，并产生市场所认可的价值，那么它将被那些能将机会转化成价值的组织取代。

平衡机会和注意力

机会

一直以来，商界的学者们，特别是经济学家们认为，决策者面临的是机会缺乏的限制。经济学研究的主要内容就是如何在有限的机会中做选择（Arrow，1974，17）。但是，在本书中，我们将从另一个角度讨论机会问题。对于今天的管理者来说，问题不在于机会有限，而在于机会泛滥。简而言之，组织所面临的机会是无限的。因此，组织需要发掘和控制机会，这是分析商业战略及控制的立足点。

管理者会遇到来自四面八方的机会：员工启动了一个新的项目、竞争者提出了联合经营意向、东欧开放市场、国有企业转为私营并开始招标、顾客提出特殊要求、收到某个有专长的人寄来的简历、关税增加带来墨西哥经济滑坡、某项技术突破使产品设计有了更多的选择，等等。每天都有意想不到的机会出现。一些机会被发现了，而另一些未被察觉；一些机会被抓住了，而另一些则从手中溜走。

对创新的研究帮助我们认清了创造力、尝试和惊喜对组织生存的重要性。[1] 组织员工并不受外部机会的制约，尽管有人可能并不同意这一观点。个人可以创造机会：比如在与同事或客户的讨论中谈到晨报上刊登的某个看似不相关的想法或故事，可能会激发员工，使其想出一个新的市场方案；或是在某一领域尝试在其他领域已经奏效的方法；或是通过讨论激发新的思想；又或者是客户的一个请求促成产品雏形的出现或一系列的试验等。

自世纪之交现代商业组织诞生以来，无论是在小型还是大型组织中，员工都表现出了超乎想象的创新能力、创造机会和

---

[1] 请参见 Burns, and Stalker (1961); Hedberg, Nystrom, and Starbuck (1976); March (1988)，尤其是第9章和第12章。

寻找解决方案的能力。① 达夫特和贝克尔在他们关于管理创新的研究中总结道：

> 源源不断流入组织的创新思维不只因问题的出现而产生。新员工可能为组织带来新的思想，现有员工也可能产生新的想法。组织内部也会不时地迸发出创新性的解决方案。员工可能会对某些想法感兴趣，并促使这些想法付诸实践。他们若对某个创新想法感兴趣，就可能去寻找该想法可以解决的问题，或者会把这个想法作为一个改善组织绩效的机会。在不确定的情况下，员工可能会尝试各种想法，以了解它们是否比现有做法更可取。（Daft and Becker，1978，168-169）

当出现的问题或机会恰好与一部分人的思想或一套可行的办法相抵触时，组织需要做出决策。詹姆斯·马奇和他的同事将企业决策制定比作一个把各种问题、机会、解决方案以及资源放在"垃圾桶"里进行混合的过程（Cohen，March，and Olsen，1972；March and Weissinger-Baylon，1986）。这样混合的结果可能出乎意料，并且可能是随机的或不确定的。在某一时间点，就特定的人群和在一定的标准体系下，组织可能会做出某种决策，而在不同的时间点，对于不同人群，从这个"垃圾桶"里得出的决策可能不同。

---

① 学者们一直在研究和讨论大型组织相对小型组织的创新倾向与效率，以及研发支出回报递减等问题。请参见 Ettlie，Bridges 和 O'Keefe（1984）的文章以及 Rosenbloom（1985）论文集中的文章。

为了便于后文的分析,在此我先介绍一下有关机会空间的概念。我把机会空间定义为一组特有的机会,组织利用其所拥有的竞争力和资源就可以在某一时刻发现或创造这些机会。在这个定义中,员工可以通过创造机会来增加出于外部原因产生的机会。组织在不同时刻拥有的机会空间的大小取决于多种因素,例如,公司内部的创新能力、现有的资产和客户群、组织的技术和竞争力,以及对竞争对手、供应商和客户市场动向的预期应对能力等。行业历史沿革及行业结构也影响着公司可获得的机会的数量(Porter,1980)。例如,如果公司所属的行业结构比较松散,如民用燃油配送公司,它可得到的机会就与电力公司这样处于高度集中行业内的公司不同。

而且,行业的历史沿革对公司的竞争力、资源和机会都有影响。在一个行业进入成熟期后,拥有成熟产品的先行者面临的选择不同于拥有新产品或新技术的后进入者。几年前做出的大规模资本资产决策往往会把一个公司可得到的机会限制在一定范围内(Ghemawat,1991)。由于过去所做的决定及公司的定位不同,像沃尔玛和西尔斯这样的竞争对手所拥有的机会空间就不同,因此,它们的战术选择也截然不同。像伊士曼柯达这样的大型摄影胶卷公司一样会发现自身境况受到既往历史决策的制约。它在过去建造了多家世界级的化学加工厂,因此,当数字成像技术注定要重塑这个行业时,它仍在使用落后的化学处理方法。

有限的注意力

尽管很难具体说明发现或创造机会的条件,但有一点可以肯定，那就是如果组织不关注可能的机会，就无法提出创新点或解决方案。因此，组织的注意力对价值创造至关重要。从我个人角度来看，注意力在任何时刻都能调动感觉和思维器官并且影响意识（Simon，1976，90）；所谓组织的注意力，就是组织在某一确定的问题或议程上所投入的信息加工处理的能力。

决策是一系列刺激产生的结果，它将注意力转移到特定的问题上（Simon，1976，91）。要想利用现有资源产出价值，需要组织成员予以关注。一种新的想法出现，如果没有人注意它并付出时间和精力，就无法产生市场效益。但是，注意力是一种稀缺资源，必须在各种机会之间合理分配。人不是计算机，对认知信息进行加工处理的能力有限，因此组织成员必须利用一些对信息进行加工处理的方法，例如探索法、标准操作步骤法和经验法，过滤掉一些过于复杂的信息和无关信息（Cyert and March，1963，102-113）。正如赫伯特·西蒙所述：

> 当代世界的信息加工处理系统好比是在一个充满了各种信息和各种符号的游泳池里游泳。在这样的世界里，我们缺乏的不是信息，而是对信息的加工处理能力。注意力是组织活动的主要瓶颈，并且瓶颈效应从组织的底层到高层变得越来越明显。（Simon，1976，294）

组织无法同时关注所有目标（Cyert and March，1963，35），因此目标的实现主要受到组织注意力的限制。管理者工作繁忙，他们必须把自己的注意力分配在所扮演的多个角色中，例如挂名头衔、领导者、联络者、监督者、信息发布者、发言人、企业家、纠纷调解人、资源调配者以及谈判者等（Mintzberg，1973，167-169）。既然组织成员的注意力有限，而组织面临的机会无限，那么必须要有选择地分配组织注意力，让注意力发挥最大效益。我的同事约翰·科特认为，能力强的管理者的一个重要特征，就是能够把组织注意力集中在与明确的经营战略相关的议程上（Kotter，1982，60-66）。

最大化管理回报率

创造价值中的一个根本问题是如何平衡无限的机会和有限的注意力之间的关系。为了将机会空间转化为价值产出，管理者必须找到分配组织有限注意力的最佳平衡点。机会寻求必须有方向、有重点。必须给企业员工指出应当关注哪些方面，还要鼓励他们创造适当的机会。

既然管理层的注意力有限而机会无限，那么管理者需要知道如何最大限度地提高管理回报率（return-on-management，ROM）。我们擅长分析投资回报率（return-on-investment，ROI），知道如何利用给定的资本水平使现金流最大化。但是，最关键的制约因素不是资金、信息或技术，而是管理层的注意力。如果有足够聪明的人把他们的注意力集中在一组问题上，那么几乎任何困难都可以克服，几乎任何机会都可以加以利用，但是要使管理回报率最大化，就必须把注意力集中到最关键的机会上。而组织的日常运营必须能够自主有序地运行，不能时时刻刻都需要监管。

在随后的分析中，我们会考虑管理控制系统如何协调注意力与机会的内在制约关系，从而使管理者管理回报率最大化，并创造价值（见图 2-1）。

图 2-1 平衡机会和注意力

制定战略的动态平衡

目前，对于控制，大多是将其定义为一种战略过程。例如，罗伯特·安东尼将管理控制定义为"管理者影响组织其他成员实施战略的过程"（Anthony，1988，10）。[①] 洛兰奇、斯科特·莫顿和戈沙尔将战略控制系统定义为"一个帮助管理者对商业战略和组织在实现目标的过程中所取得的进展进行评估的系统，如果目标与实际情况出现差异，则会指出需要组织注意的地方"（Lorange，Morton，and Goshal，1986，10）。

这些定义中隐含了两个关键假设。第一，管理控制系统是

---

① 在 1965 年出版的颇具影响力的专著《计划与控制系统：分析框架》（*Planning and Control Systems: A Framework for Analysis*）中，安东尼把管理控制定义为"管理者在完成组织目标的过程中确保获得所需资源并使资源得到有效和高效利用的过程"（Anthony，1965，17）。这种定义上的差异至少在某种程度上反映了安东尼对战略的概念越来越重视。

实施商业战略的工具。第二，战略制定是一个自上而下的过程。图 2-2 展示了战略的层级概念和管理控制过程。

图 2-2　战略层级观

按照这个层级模型（也可以称其为军队指挥和控制模型），高层管理者制定战略并将战略传达给各下级部门。这些战略（被称为既定战略）是以正式文件的形式记录并传达的。中层管理者和组织核心业务部门负责实施这些战略。随后，管理控制系统对过程进行评估，这一过程由高层管理者监督，必要时采取更正措施。

从层级的观点看战略过程时，存在几个隐含假设：战略是深思熟虑之后形成的；战略是在实施前就制定好的；战略的制定与实施是分开的；战略是由高层管理者制定的；战略相当于一个计划（Mintzberg，1987a，1987b，1990）。

从这个观点出发，战略信息是可分析的，也是概念化的。为了制定正确的战略，管理者需要掌握充分的数据以及进行合理的推理。因此，在过去一个世纪，管理学者们更多地聚焦于如何制定良好的战略，而不是战略的实施技巧。对这些理论学家来说，将战略分解成行动计划似乎更加简单直接。

然而，一项关于真实组织中的战略过程研究对这种层级观点中的一些假设提出了质疑。对航空公司、汽车制造商、电影制片厂和连锁超市等不同组织的研究表明，战略往往是从组织的底层向上渗透。[①] 日本汽车公司本田（Honda）成功进入美国市场不是事先在日本进行精心策划，而是美国的日本本田管理者意外察觉到人们对于排量为50cc的摩托车的需求。本田的既定战略是销售大排量摩托车，它认为美国顾客更青睐大型摩托车。但是，当排量为250cc和305cc的摩托车由于质量问题无法吸引顾客时，当地管理者抓住了美国顾客对他们上班骑行的50cc摩托车的兴趣，找到了新的卖点。随着小排量摩托车的销量大增，一种可持续的战略应运而生（Pascale，1984）。

同样地，向鞋店销售配件的企业，由于包装上的一个简单改变，衍生出了一个新的战略。鞋楦过去一直专门在鞋店与鞋子配套出售，为了更好地展示鞋楦产品，鞋店引进了新的包装。这为营销人员创造了一个意想不到的机会，他们将该产品投放到其他零售店进行试验。不久，大型超市批发商就成为重新制定战略的奠基石。反过来，新产品也被开发并成功地引进这个市场。[②]

这两种战略都不是既定的。相反，都是当地管理者抓住新机遇继而采取行动的结果，而这些机遇在计划正式制订时是无法预料的。当这些行动成功并且被他人复制时，它们就形成了

[①] 请参见 Bower（1970，第 9 章）；Mintzberg（1978）；Quinn（1980）；Mintzberg and Waters（1982）；Pascale（1984）。

[②] 来自比尔·弗莱（Bill Fry）和杰夫·亨德伦（Jeff Hendren）1990 年为哈佛商学院 MBA 课程"战略管理系统"（Strategic Management Systems）撰写的论文。

可行的商业战略。

根据这种涌现或渐进的观点,只要每个人都寻找和创造机遇,战略就可以从组织的各个层级涌现(见图2-3)。在战略制定和实施中,使用这种涌现的观点也包含了几个假设:战略是随着时间的递推渐进涌现的;既定战略往往会被取代;制定和实施战略通常交织在一起;战略决策发生在整个组织中;战略相当于一个过程。

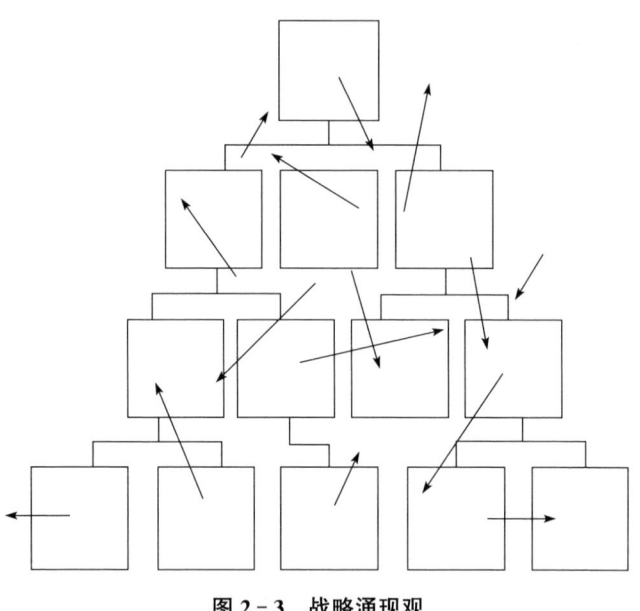

图 2-3 战略涌现观

平衡既定战略和涌现战略

虽然战略层级模型和战略涌现模型提供了对战略过程的不

同观点，但它们并不相互排斥。在观察管理者如何制定战略时，亨利·明茨伯格建议在组织中同时使用这两种模式：

> 当然，在实践中，所有的战略制定都包含两种方式，一种是深思熟虑的，另一种是涌现的。正如纯粹的既定战略制定排除了学习的过程，纯粹的涌现战略制定排除了对结果的控制。如果运用到极限，两种方法就没有多大意义了。
>
> 同样地，世界上也不存在一种纯粹的既定战略或纯粹的涌现战略。没有任何一个组织——即使是由古希腊将军们指挥的组织——可以提前知道足够多的方法来解决所有问题，并忽略执行过程中情况的变化。没有人（即使是一个独立工作的陶工）能够足够灵活地因势利导，放弃一切掌控。(Mintzberg, 1987b, 69)

在这种情况下，控制战略理论必须既包含层级模型，也兼顾涌现模型。这一分钟，一位高管正在开会确定销售和市场份额目标是否实现；下一分钟，他接到一个电话，被告知因为一个未经授权的产品规格变更，新客户的需求激增。组织参与者努力地执行原定计划的同时，也在将意想不到的机遇转化为优势。正如我们将看到的，平衡控制和学习对于管理效率与适时调整之间的制约关系至关重要。

个人行为的动态平衡

每一种管理理论都有关于个人行为的假设。21世纪以来，在组织中普遍接受的关于个人行为的观点发生了巨大变化。弗雷德里克·泰勒（Frederick Taylor）在1911年出版的《科学管理原理》（*Principles of Scientific Management*）中，把工人比作为了追求效率而可以微调的机器。利用时间和动作研究方法，泰勒又将铲取和搬运生铁的行为上升为一门科学。管理者要亲自仔细研究重复性的任务或者聘请专家来对其进行试验，以不断完善规定程序，并且通过提供计件工资激励来确保工人会遵守这些做法。在泰勒看来，员工只看重基于既定绩效标准的物质激励。

20年后，埃尔顿·梅奥（Elton Mayo）在西方电器公司霍桑工厂（Hawthorne Works of the Western Electric Company）的研究让他推翻了以"乌合之众假说"（rabble hypothesis）为基础的物质激励和控制的管理方式。梅奥认为有三个支撑经济理论的假设是明显错误的："（1）自然社会是由一群无组织的个体组成的；（2）每个个体的行为方式是为了确保自己的利益；（3）每个个体在为这个目标服务的过程中，尽其所能地有逻辑地思考。"（Mayo，1949，37）梅奥断言，"从经济学家的行为和陈述中可以看出，他们把'乌合之众假说'以及物质激励看作激发人类动力唯一有效的方式。他们用一个几乎没有实际价值的逻辑假设代替了现实"（Mayo，1949，74）。

梅奥的研究为强调组织中的人际关系奠定了基础。他的研究结果表明，工人的绩效与工作场合的社交互动有关。情感、集体行为规范以及与团队交流产生的观点是激励和引导个人行为的关键变量。他建议管理者提供有利环境，最大限度地激发人的潜力。梅奥和他的支持者认为，工作满意度比任何标准化任务和提供计件激励的尝试都更容易提高绩效。20世纪60年代，部分学者基于这一主题将命令式、独断式的管理风格与更具参与性的、关怀性的管理风格区分开来，尤其是道格拉斯·麦格雷戈（Douglas McGregor）和伦西斯·利克特（Rensis Likert）。他们认为后者在释放人类创造力方面更具优势。

在20世纪50年代和60年代，亚伯拉罕·马斯洛（Abraham Maslow）和弗雷德里克·赫茨伯格（Frederick Herzberg）试图协调物质激励对绩效的影响以及工作场所的人际关系行为。他们对物质/安全需求和情感/心理需求进行了区分。马斯洛提出了一个需求等级，从基本的安全保障到自尊和自我实现。根据马斯洛的理论，一种需求一旦得到满足就不再是一种动力；因此，物质激励不再是大多数拥有稳定、高薪工作的人的动力。相反，自尊和自我实现的机会增长才能提高工作绩效。与此类似，赫茨伯格进行了一系列研究，表明工作满意的原因与工作不满意的原因彼此独立。根据赫茨伯格的观点，比如安全保障需求不足可能会导致工作不满意，但如果仅仅提供足够的安全保障，也无法保证员工对工作满意。相反，工作满意度来源于员工的成就感和个人成长背景。马斯洛和赫茨伯格的研究都基于同一假设，即提高工作满意度能够提高工作绩效。

20世纪60年代和70年代，随着管理理论学家开始对组织作为一个集体所拥有的决策能力感兴趣，组织中人类的动机不再被重视。他们认为,个体可以通过和其他人讨价还价来产生能够被大家接受的组织目标。学者们试图通过使大家都"满意"来最大化个人效用,并用探索式方法来解决问题(Cyert and March, 1963)。在这种"公司行为理论"中,分析的主体是组织而非个人,同时假设人们是为了实现组织的目标而奋斗。

在20世纪70年代中期和80年代,经济学家开始对组织的内部运作感兴趣。他们把组织看作内部市场,构建了基于绩效契约和自利代理人(雇员)与其上级(委托人)之间产权交换的理论。这些理论重新引入了个人行为的"乌合之众假说"。

利用效用函数的数学公式,经济学家假设个体是理性的、自利的、有计算能力的、能最大化发挥效用的代理人,且他们体验着努力工作的无用性(Jensen and Meckling, 1976; Hollström, 1979; Fama and Jensen, 1983; Jensen, 1983)。经济学家以一种特殊的方式看待机会寻求:

> 机会主义行为是交易伙伴利用信息(或其他)优势损害他人经济利益的行为。根据这种看法,机会主义最粗俗的形式是"撒谎、偷窃和欺骗"(Williamson, 1975)。机会主义就是当客户不得不向你购买产品或服务时,抬高你的产品或服务的价格,或同样情况下降低产品的质量,或当你拥有经济优势时要求他人做出其他让步。(Barney and Ouchi, 1986, 19)

在组织经济理论中,如果没有监督和消极制裁,自利的个体将会逃避努力、逃避责任。支持这一观点的研究在很大程度上依赖于大样本统计数据，以企业行为和奖金激励体系来估算组织中个人行为的集中趋势。①

协调个人利益和做贡献的愿望

协调这些关于个人行为的不同假设是发展或应用管理理论的一个基本问题。这需要认识到我所说的集中趋势悖论：除非我们了解集中趋势，否则我们无法有效地管理，然而集中趋势并不能提供管理方面的经验教训。举例来说，以往经验证据表明，组织中70%的个体在缺乏监督和激励的情况下逃避责任。我们应该如何解释这一集中趋势？是因为人与生俱来的本性吗？是因为个人特质吗？或者，是因为缺乏领导力和方向吗？30%不逃避的人怎么办？是不是因为组织的控制措施不足，使得员工不愿卖力劳动或逃避责任？

经济学家指出，数据支持这样一种假设，即人天生自利且不愿过多投入。组织经济理论则是一种积极的理论，它试图中肯地描述世界。然而，我们必须非常小心，因为积极的理论可以很容易被具体化，用作行动的蓝图。正如克里斯·阿吉里斯提醒我们的那样，"所有的描述性概念，一旦被用于组织实践和指导行为，就会变成规范"（Argyris，1973，265）。如果理论从对集中趋势的描述变成行动的标准和规范，可能会促使管理者

---

① 关于这类实证研究的例子，见 *Journal of Accounting and Economics* devoted to "Management Compensation and the Managerial Labor Market" 7, nos. 1-3 (1985) and "Accounting and the Theory of the Firm" 12, nos. 1-3 (1990)。

建立激励制度，因为所有员工都是自私自利且不愿过多投入的。但是认为群体中每个人都具有群体的普遍特征往往是很危险的，尤其在领导力和管理行为起关键作用的组织中。毋庸置疑，集中趋势作为描述性理论能够产生一些重要的见地，但不能基于此，使它成为我们的行为标准。

社会心理学家对集中趋势悖论的观点通常相反。通过研究高效和低效的群体以及社会系统，他们专注于了解促使或阻碍个体发挥其潜力的影响因素。他们的理论关注个体和群体的情感、愿望、成就和社会行为。因此，他们的研究通常不依赖基于集中趋势进行统计的大型数据库。于是，他们可能无法识别在商业组织中更深层次的因素，也无法识别在缺乏管理行为的情况下产生的那种平衡。

要解决集中趋势的悖论，高效的管理者必须理解集中趋势并努力克服它。他们不应该仅仅为了达到一般的结果而工作。在高度竞争的市场中，一般的行为难以作为一个可持续的目标。管理者必须促使组织和成员奋发向上。商业战略的本质是追求卓越：与众不同的个体、杰出的能力、独特的市场定位。想要在瞬息万变、竞争激烈的市场中获得成功，管理者需要依靠员工的想象力和行动计划，因此必须吸引和培养人才。回到我们前面的例子，那30％的产生积极贡献的人才是我们关注的焦点。

对集中趋势的片面关注，会导致组织过于重视群体的无差别一般行为，但我们也不能忽视集中趋势。（管理者的）注意力是有限的，如果不加以干预，集中趋势将占上风。在缺乏管理行为的情况下，以牺牲组织目标为代价的利己行为是不可避免的。阿吉里斯（Argyris，1985）关于抵御惯性的研究是为数不多的调和集中趋势悖论的尝试之一。阿吉里斯的研究承认组织有集中趋势，但指出其中许多是由某些阻力造成的。阿吉里斯著作的核心是试图识别这些阻力，以便管理者能够消除它们的影响，从而增加组织成员做出贡献的可能性。

为了协调这些关于组织中个人行为的相互矛盾的观点，我将分两个阶段来阐明作为控制理论前提的基础假设。第一阶段是涉及组织环境中可以观察到的个人特质的假设。这些假设的前提是组织中的个体都是机会寻求者。大多数关于组织的理论都认为，人们会对其面临的情况或选择做出反应。接下来的分析着重关注了可以识别人类精神的天生的好奇心和独立行动的潜力。环境中的线索和刺激会从内在激励人，使他们通过寻找和/或创造机会来营造有利的环境。在缺乏对他人的责任或义务的情况下，机会寻求行为可能是纯粹的利己行为，但是强有力的领导者和有价值的事业将会产生影响机会寻求方向的力量。

与这些力量相抗衡的是关于组织障碍的第二阶段的假设，这些障碍可能会阻碍对组织有利的机会寻求行为。呆板的规则、对失误的处罚、群体压力以及害怕尴尬或失败都会阻碍对机会的寻求。管理者应该利用控制系统来强化人员积极的特质，进而克服组织障碍，从而减少集中趋势的影响，并受益于组织探索和创新。

下面让我们对第一阶段的假设及相关的组织障碍进行探讨。

1. 循规蹈矩的愿望

它假设组织中的每个人都有一套个人行为准则，使他们按照道德规范行事。我们的社会有高度发达的机制来传播这些个人行为准则：家庭教育、青年社团和慈善协会等都致力于灌输与道德行为有关的价值观。随着个人的成长和发展，这些价值观逐渐内化（Kohlberg and Turiel，1973）。此外，社会制裁和同辈的谴责，也不断提醒着人们不能有越线的行为。

组织障碍　商业组织的员工经常面临一些诱惑，使他们做出与个人行为准则相冲突的决定。第一，作为资产和现金流的集合，商业组织会诱惑一些人，他们因为个人情况，可能会找借口将资产挪为己用。如果员工认为没有人因为这些行为受到惩罚，那么诱惑会被放大。第二，组织给员工各种各样的压力——遵守规章制度，完成个人业绩目标，随时加班——这些可能会导致他们违反个人道德准则。

2. 取得成就和做出贡献的愿望

我认为组织中的员工追求成就有两个原因。第一，成就会带来实实在在的回报：金钱、名誉和晋升。第二，员工把取得个人成就本身当成一种回报。即使没有实实在在的利益，员工也看重个人成就和贡献带来的满足感。员工从对团队工作的贡献中体验到人尽其用（的满足感）。现代心理学和社会心理学的许多研究都证实了这一假设。为什么50%的美国成年人会在非营利组织中做志愿者,平均每周无偿为他人服务5个小时,不就是因为他们认为做一些自己感到有意义的事情可以获得满足感吗?(Drucker,1989)

组织障碍　商业组织经常使得个体实现目标和做出贡献的机会减少。首先,员工个人可能不确定如何才能使自己的贡献得到认可、重视和奖励。他们也可能不明确组织希望他们做什么。其次,员工可能会认为完成竞争性任务的压力过大。取得成果需要集中精神,但同时开展太多的工作会降低员工的成效,也降低其取得成就的可能性。最后,组织可能无法提供足够的资源来帮助员工取得成就。

3. 创造的愿望

一个商业组织的机会空间为进行大量创造活动提供了可能,我认为每个人天生都具有创新、试验和创造的潜力。如果有机会,许多员工都将发挥这一潜力。与生俱来的好奇心和寻找更好解决方法的愿望是人类强大的动力,创新和试验创造了新奇感和兴趣,这使得工作充满了愉悦感。机会加上创造力成就新产品、新流程和新关系。①

组织障碍　商业组织有时会扼杀个人创造的愿望。第一,由于任务的限制或资源的约束,个体可能缺乏发挥创造力的机

---

① 有关组织创新的研究情况,请参阅罗森布鲁姆(R. S. Rosenbloom)主编的《技术创新、管理和政策研究》(*Research on Technological Innovation, Management and Policy*);有关影响创新的组织因素的分析,请参见 Amabile and Gryskiewicz(1988);关于高层管理者的观点,见 Taylor(1990)。

会。同时，即使员工发现了机会也可能不会行动，因为他们认为所需的资源将难以获得。第二，个体可能会考虑挑战公认的做事方式的风险。挑战现状可能会威胁到既得利益集团，并带来谴责或报复。新的想法可能与现有的观念相冲突，更糟的是，可能会与上级的观点相冲突。再者，新的想法可能会揭露过去和现在行动中的错误。因此，与集体或意见领袖的意见一致比挑战传统思维更安全。第三，商业组织中的机会寻求行为可能缺乏操作指南。个体不确定应该抓住何种机会类型，往往会错过重要的机会。同时，这些人可能会冒着消耗组织资源的风险追求多种目标不明确的尝试。

从这些假设中产生的人类行为模式是多方面的。我们所有在组织内部工作的人都看重取得的成就和有形的回报，也重视自己在工作中做出贡献和发挥创造力的能力。我们倾向于遵循与社会道德准则相一致的行动，但组织中产生了许多障碍，可能使这些有益的行为无法付诸实施。

商业战略控制的动态平衡

高效管理者会有选择地使用控制系统来平衡无限的机会和有限的注意力，既定战略和涌现战略，以及个人利益和做贡献的愿望之间的制约关系。在这些制约关系的背后，是做正确的事、取得成就、贡献和创造的愿望。为了释放这种潜能，管理者必须克服组织障碍。管理控制系统在这一过程中发挥着重要作用：

- 减少诱惑或压力的风险，选择性地使用管理控制系统来制定和维护组织的游戏规则。
- 关注想要寻求机会实现成就目标的成员，并为其提供所需资源，可以选择性地使用管理控制系统，制定明确的目标并提供支持。
- 激励创新，选择性地使用管理控制系统来启发和激励组织成员创造和寻找新的机会。
- 减少对挑战现状的担忧，选择性地使用管理控制系统，在内部开展公开讨论和对话，从而引起组织内部学习风潮。

因此，商业战略控制不仅仅是为了确保计划的实施。控制，一方面意味着管理创新与实现可预测的目标之间内在的制约关系，另一方面是使这两者都能促进盈利增长。对战略的有效控制既需要创新的自由，也需要确保员工为实现既定目标高效地工作。

信仰控制系统、边界控制系统、诊断控制系统和交互控制系统是用来管理这种制约关系的四个基本杠杆。这四个杠杆环环相扣，每个杠杆都为战略过程提供了某种程度的指导。信仰控制系统和交互控制系统拓展和定义了企业的机会空间。边界控制系统和诊断控制系统约束并聚焦战略领域和机遇。

由于管理者的注意力是有限的，职能专家在帮助管理者正确分配注意力方面发挥着重要作用。在后面的章节中，我们将研究职能专家如何根据不同杠杆的性质和目的而发挥相应的作用。

小结

本章阐述了有关组织、战略和个人动机的关键假设。这里再强调以下三个重点。第一，控制系统是平衡机会寻求行为和有限注意力两者之间内在制约关系的重要杠杆。平衡这种制约关系对于最大化管理回报率和创造价值产出至关重要。第二，既定战略过程和涌现战略过程之间存在相互作用，两者都很重要。第三，管理控制系统能够调节员工关注个人利益和做贡献的愿望之间的制约关系。我们必须了解管理者如何有选择地使用这四个基本控制杠杆来克服组织方面的障碍因素，释放机会寻求的潜力。正如我将在第 3 部分展示的，这些杠杆的选择使用依赖于积极和消极因素之间的持续相互作用——主动和强迫、奖励和惩罚、引导和禁止、应变和控制——从而在目标实现和创造性创新之间形成一种动态平衡。

| 第 2 部分 |

基本控制杠杆

| 第 3 章 |

信仰与边界：确定战略领域

管理者如何对机会寻求加以控制？有两种控制杠杆，即信仰控制系统和边界控制系统可以对组织的机会寻求活动加以引导。这两种杠杆是正式控制系统的不同形式。一个是积极意义的系统，激励企业寻找机会；另一个是消极意义的系统，限制企业寻找机会。这两种杠杆都不是控制论的，也就是说，都不依赖于信息的定期反馈来纠正流程。但是，信仰控制系统和边界控制系统通过为组织提供动力和确定寻找机会的领域，为传统管理控制系统的使用奠定基础，这将在后面的章节中进行讨论。

信仰控制系统

每个组织都是出于某种目的而建立的。大多数组织制定的相关文件都源于这一目的。例如，创办于 1636 年的美国哈佛大学，就以"促进学习并使之延续至子孙后代；当我们现在的牧师们千古后，不至于将无知的牧师留给教会"为目的。①

在大多数组织成立之初，员工之间经常性的交流有助于明晰组织成立的目的。但是，随着组织的成长壮大，定义和传达一个统一的目的显得更为重要，同时更难于实现。

信仰控制系统是经过高层管理者正式讨论和系统性补充形成的一组对组织的基本价值观、目标和纲领的明确定义。这些定义阐述了高层管理者希望下属采纳的价值观和纲领。这些核心价值观与组织的商业战略紧密联系（见图 3-1）。

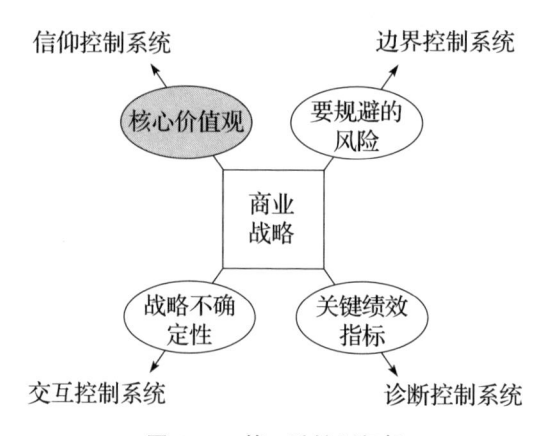

图 3-1　第一种控制杠杆

正式的信仰控制系统是通过信条、使命陈述、目标陈述来

---

① 此为哈佛大学前校长、奠基人之一邓斯特（Dunster）就哈佛大学创办的目的发表的正式讲话中的一句名言。1643 年出版的《新英格兰的第一批成就》（*New England's First Fruits*）的第 2 章"关于学院及在其中的学习过程"（In Respect of the College, and the Proceeding of Learning Therein）就把这段讲话作为开头语。莫里森也引用了该文（Morison，1935，247，304）。

建立和传达的。举例来说，表3-1是强生公司的信条。信仰控制系统传达了组织的核心价值观：组织如何创造价值（"为客户提供世界最佳服务"），希望达到的绩效水平（"追求卓越"），以及员工应如何处理内部和外部关系（"尊重个体"）。当使命陈述、信条、目标陈述是正式的、基于信息的、被管理者用来保持或改变组织活动模式时，就可以认为其是信仰控制系统的一部分。

表3-1　强生公司的信条

我们的信条

我们坚信我们首先要对医生、护士和病人，对母亲和父亲，以及所有使用我们产品和接受我们服务的人负责。
为满足他们的需要，我们必须提供高质量的产品和服务。
我们必须不断地努力降低成本以保证物美价廉。
客户的要求必须立即、准确地予以满足。
我们的供应商和分销商必须有机会获得合理的利润。

我们对在全球范围内与我们一同工作的所有员工负责。
每位员工都必须被视为独立的个体。
我们必须尊重他们，承认他们的价值。
我们必须让他们从工作中获得安全感。
报酬要合理且充足，工作环境要干净、有序且安全。
我们必须想方设法帮助员工承担起他们的家庭责任。
我们必须能让员工大胆提出意见和建议。
我们必须为合格的员工提供平等的雇佣、发展和晋升机会。
我们的管理者必须得力，他们的所作所为必须是公正和道德的。

我们对我们居住和工作的社区以及整个世界负责。
我们必须成为合格公民，支持慈善事业，按规定纳税。
我们必须鼓励城市建设，帮助改进医疗卫生和教育事业。
我们必须维护良好的公共秩序，保护环境和自然资源。

续表

> 最后，我们还要对我们的股东负责。
> 生意必须兴隆。
> 我们必须持续创新。
> 我们必须持续对开发的创新项目和经验教训进行研究和总结。
> 我们必须购买新的设备和新的产品。
> 我们必须建立储备金以备不时之需。
> 当我们执行上述信条时，股东就能获得合理的收益。
>
> Johnson & Johnson

信仰控制系统的主要目的是鼓励和引导组织探索和发现。当战略实施过程中出现问题时，信仰控制系统可以帮助管理者找到所要解决的问题及其解决方案。更为重要的是，当没有问题出现时，信仰控制系统能激励员工寻找创造价值的新途径。[①]

在建立组织的信仰控制系统时，要利用信息的象征意义。那些强有力的领导者和管理者都懂得象征和启示的重要性（Westley and Mintzberg，1989）。正如费尔德曼和马奇所说："从个人角度来说，象征产生信念，而信念又能激发对真理的发现。"（Feldman and March，1981，180）

正式的信仰控制系统是近期才出现的一种组织创新。在1991年美国哈佛商学院举行的一次名为"实现突破性服务"的

[①] 可以将信仰控制系统激励创造性研究活动的能力与以问题为导向的探索行为模式加以对比。例如，西尔特和马奇就提出了一种以问题为导向展开探索的理论（Cyert and March，1963，120-122）。在他们提出的模型中，在寻找导致失败或预期导致失败的问题的解决方案时，就会激发探索行为。

学术研讨会上，与会的 72 位代表中有 68 位说所在企业有正式的使命陈述或类似文件。当被问及 15 年前所在企业是否有这样的文件时，却只有 6 位给予了肯定回答。这种趋势的出现有几个原因：过去，组织的使命是隐含的但容易理解，因为组织提供的产品或服务只是为满足某一特定市场上特定人群的需求，也就不需要把组织的使命以正式文件的形式予以规定，无须依照组织的核心价值观就能制定竞争战略。

今天，企业变得越来越复杂：同一公司拥有很多个从事多元化商业活动的业务单元；全球竞争促进了新型战略同盟的形成；快速发展的信息和产品技术使得竞争过程、服务和产品交叉影响。在许多公司和行业里，这种日益复杂的情况使得员工很难理解组织的目标和方向。

而且，技术正在用海量的数据迫使管理者不断对组织的竞争地位进行重新评估。他们必须利用信息确保组织有效运转。组织规模精简和兼并重组已不鲜见。这种不断竞争和不断变化的环境需要强有力的基本价值观来提供组织稳定性。

最后，现代劳动力发生了变化。员工受过良好的教育，期望值也更高，渴望挑战自己，增长才干，为达成目标不懈努力。如果管理者想发挥每个人的力量以共同实现组织产出，就要使每个人都了解组织目标以及他能为此做出的贡献。当管理者期待被授权的员工产生新的想法，并且形成竞争优势时，让员工理解组织目标就变得越来越重要。

尽管有几位学者指出，中层管理者在发现和提出新的战略构想过程中可以发挥特别重要的作用（Burgelman，1983a，1983b，1983c；Nonaka，1988），但是，如果这些管理者不了解组织的信念，不被邀请参与将这些信念转化为行动和战略的过程，他们就不会积极为组织寻找机会（Westley，1990）。

对那些正在计划组织变革的管理者来说，正式的信仰控制系统非常重要。"一种新的设想有助于吸引和团结拥护者，并激励他们做出更大的努力。因为一项较以前有根本变化的使命需要建立新的价值观和规范（即对组织理想和期望的新理解），也需要新的信念和意义系统。"（Trice and Beyer，1991，154-155）。此外，建立正式的信仰控制系统还有许多好处，它们来自为交流和了解这些信念所必须进行的讨论，而不仅是信条和使命本身。通过讨论，高层管理者可以增强员工对实现组织目标和使命的责任感。①

随着机会空间的扩大，正式的信仰控制系统的建立和传播变得更加重要。管理者可从如下几个方面来确定组织的价值观和纲领：（1）坚持独特性；（2）为全体员工建立声望；（3）把正式信念作为组织的一种象征。这些措施旨在提高员工的责任感，增强凝聚力，强调组织的独特性（Ashforth and Mael，1989）。

约翰·科特对领导力问题研究的结论是，成功的领导者能够激发和鼓舞组织成员以饱满的热情，为实现组织目标和战略

---

① 要进一步了解高层管理者对这样一个过程的描述，请参见 Kanter（1991，121）。

而努力。基于调查数据和实地调研，科特总结出激发斗志的几个要点：(1) 描绘的愿景与成员的价值观吻合；(2) 让每位员工理解自己如何为实现这一愿景做出贡献；(3) 积极支持员工为此所做的努力；(4) 对取得的成绩予以公开表彰和奖励（Kotter，1990，63）。信仰控制系统在这一过程中发挥重要作用。[①]

迪马吉奥和鲍威尔（DiMaggio and Powell，1983）认为，管理者在面临不确定性时可能会模仿成功组织的系统和流程。咨询人员、有名的商业报刊和行业协会都会提供一些模型，以供管理者效仿。因此，组织在准备自己的使命陈述时，可以直接模仿其他成功组织的使命陈述。此外，还有一些学者认为，采用像信仰控制系统这种正式流程和结构，可能是一种有效展示管理能力的重要举措（Meyer and Rowan，1977）。

人类有一种内在的、为周围的人和组织承担责任和义务的动力。在履行这些责任和义务的过程中，自我利益往往被情感需求压制（Frank，1988）。在组织内部，责任和义务意味着信奉组织的价值观，并愿意为实现组织的宏伟目标而竭尽全力。通常来说，个人实现组织使命的愿望越强，他的表现就越好。

信仰控制系统体现了组织的价值标准，发挥着激励员工的作用，它所承载的内容必须足够广泛，能够让员工在各自的岗位上遵守企业价值观和目标。例如，使命陈述应该能够同时激

---

① 想要了解这一内容，请参见 Locke, Latham, and Erez (1988)。

励销售人员、管理者、生产工人和行政人员。但是，也正是由于信仰控制系统涉及面比较广，它不能和正式的组织激励挂钩。信仰控制系统太模糊，以至于无法用作衡量工作绩效的标准。如果一个正式的信仰控制系统作为鼓舞人心和提供组织方向的工具是有用的，那么，管理者如何将模糊的信念转变为有重点、有目的的活动呢？

要回答这个问题，我们必须讨论前面并未提及的另一种系统，即边界控制系统的作用。边界控制系统对组织内部受信仰控制系统激发而开展的探索活动加以重要的限制。

边界控制系统

边界控制系统是第二种控制杠杆，它为组织成员勾画出了可接受的活动领域。与信仰控制系统不同，边界控制系统不是明确指出积极的理想和目标，而是根据已确定的商业风险，对机会寻求行为加以一定的限制（见图3-2）。

每个组织成员都是机会寻求者，也就是说，当出现新的信息和面临新的情况时，他们会寻找机会创造价值或克服某些障碍。除了最简单的组织，管理者不可能知道组织成员面临的所有问题和机会，也不可能掌握所有的解决方案。[1] 因此，管理者不应当明确规定组织成员应该寻找什么样的机会。

---

[1] 针对复杂决策系统中集中式计划的局限性的讨论，请参见 Hayek（1978）。

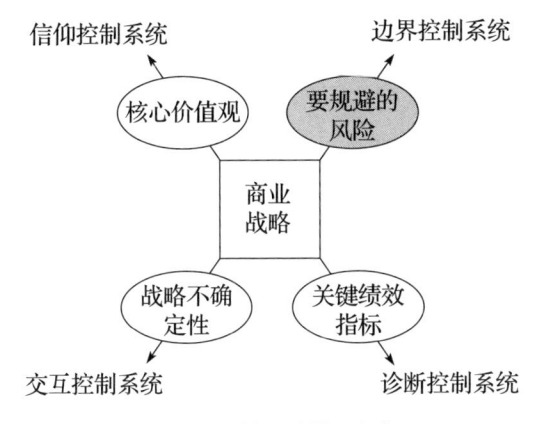

```
        信仰控制系统              边界控制系统
             核心价值观          要规避的
                                  风险
                          商业
                          战略
             战略不确       关键绩效
               定性         指标
        交互控制系统              诊断控制系统
```

图3-2　第二种控制杠杆

以美国哈佛商学院这样一个小组织为例，它共有1 000名员工，负责解决问题、提出解决方案和寻找完成任务的新途径。高层管理者（正、副院长）无法了解每个员工可能正在考虑或着手解决的所有问题、解决方案和机会。虽然规定每个人应当如何完成自己的任务能够解决个人面临的一些知识性问题，但会损害员工的行动计划、阻碍员工进行新尝试，而这正是开展创造性探索活动的前提。

克里斯滕森（Christenson，1972）对古典决策理论进行了批判，他提出了一个很基础却常被忽视的观点：决策者不仅要从一系列可行方案中寻找产出价值最高的行动方案，还要想出新的行动方案，而这些新方案并不是进行决策前就已经存在的备选方案。尼尔森和温特指出探索活动可能会带来以前不曾考虑到的方案（Nelson and Winter，1982，171）。如果事先就明确个人应该如何完成任务，就排除了发现能够创造价值的新机会的可能性。

一方面，利用笼统的信仰控制系统激发没有目标的探索活动，有可能会消耗公司的资源和精力。另一方面，高层管理者也不宜详细说明员工应如何在工作中寻找机会。高层管理者可以通过命令下属不应该做什么，并依靠员工在规定界限内发挥个人创造力这种新途径来走出这一困境。① 因此，边界控制系统通常表现为否定术语或最低标准。

50多年前，切斯特·巴纳德就在他的著述中指出，对行为设定界限是组织有效制定决策的前提条件。"如果同时面临太多机会，人们往往不知道该如何做出选择……限制可能性是进行选择的必要条件。在决定什么事应该做时，通常采用的办法就是寻找不应当做什么事的原因。我们所采用的决策方法是缩小可选择的范围。"（Barnard，1938，14）

尽管边界控制系统实质上是对行为加以限制的否定式系统，但允许管理者将决策权下放，从而使组织获得最大的灵活性和创造性。从很多方面来讲，边界控制系统是组织内部拥有自由和产生创造行为的前提条件。思考一下，汽车为什么要有刹车功能？刹车功能是让汽车减速还是让汽车跑得更快？边界控制系统就好比汽车上的刹车功能：没有刹车功能，汽车（或组织）就无法保持高速行驶。

---

① 我的同事查尔斯·克里斯滕森在他的论文《否定式思考的力量》（The Power of Negative Thinking）（Christenson，1972）中前瞻性地提出了这一观点。

对行为建立边界的概念并不是企业独有的。看一看《旧约》中的十诫，它们也为基督徒和犹太人的生活进行了限制：

1. 你不能信奉别的神明。
2. 你不能雕刻神的雕像，也不可对其跪拜。
3. 你不能妄称耶和华的名。
4. 当守安息日为圣日，那日你不可工作。
5. 孝敬你的父母。
6. 你不可杀人。
7. 你不可奸淫。
8. 你不可行窃。
9. 你不能做假证陷害别人。
10. 你不能贪恋属于别人的任何东西。

这些诫条对行为进行了明确的规范。而且，十条中有九条都是用禁止性词语来表述的。①

图3-3展示了信仰控制系统和边界控制系统是如何协同发挥作用的。信仰控制系统指明了组织的目标和动力，来引导和激发个人在无限的机会空间中寻找机会。在信仰控制系统中，边界控制系统传达了探索活动的可接受领域，从而使机会领域成为机会空间的子集，组织成员可在这个较小的机会领域里施展他们的才能。信仰控制系统和边界控制系统将无限的机会空间转化为一个集中的领域，并鼓励组织成员开拓这一领域。

---

① 我非常感谢哈佛商学院1990级的学生史蒂文·佩里（Steven Perry），他在课堂上就边界控制系统展开讨论时，提出了这一类比。

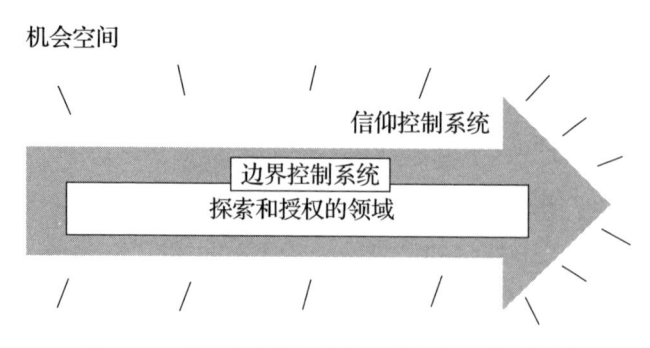

图 3-3　把机会空间转变为一个组织寻找的领域

所有试图建立问责制的系统都是通过为参与者划定组织空间来实现的（Roberts and Scapens，1985）。价值观和使命的信念同规则和制裁相互作用；承诺与自由在明确规定的界限内相互作用。在商业组织中，边界控制系统用于确定手段和目的。正式系统建立了两种边界：商业行为边界和战略边界。两者都是通过分析与特定商业战略相关的风险来确定的。

商业行为边界

最基本的边界控制系统是那些强加商业行为准则的边界控制系统。这些准则中包含的标准有三个来源：（1）社会法律；（2）组织的信仰控制系统；（3）行业和专业协会颁布的行为准则（Gatewood and Carroll，1991）。

像十诫一样，商业行为准则大部分是以禁止性的措辞表述的。被禁止的行为通常包括利益冲突、违反反垄断法的活动、可能损害商业秘密或机密信息的行为、将非公开信息用于股票交易，以及向政府官员支付某些类型的款项。① 这些活动可能危及组织的福祉，使其面临潜在的资产损失、名誉损失或法律责任。

根据最近的一项调查，77%的净资产超过1亿美元的公司有正式的行为准则，但是净资产在500万美元到1亿美元之间的公司中，有明确行为准则的仅占48%（Sweeney and Siers，1990）。为什么有些组织有明确的行为准则而有些组织没有？我认为，答案存在于公司所面临的与特定商业战略相关的风险性质中。

当环境不确定性较高或内部信任度较低时，高层管理者会创建商业行为边界。② 机遇带来不确定性。当意外情况出现时，管理者可以尝试新的、未经测试的组织反应。面对不寻常的机遇，参与者可能会因为判断力差或缺乏相关基准而做出高层管理者不会容忍的行为。在一项对利润中心管理者的调查中，麦钱特发现，在环境高度不确定的情况下，管理者很可能会操纵利润数据（Merchant，1990）。因此，在环境高度不确定的情况下，高层管理者对不可接受的行为实施明确的指导准则（Perrow，1986，21）。

当一个组织由于缺乏共享经验或参与者之间存在高度的异质性而信任度较低，或者在松散耦合的组织中无法假定共享价值时，不良行为的风险就会增加（Kanter，1977，49-55）。在这种情况下，缺乏对组织使命和目标的共同责任可能会导致利

---

① 有关商业行为准则中应列举的领域的清单，请参阅 Baruch（1980）。
② 感谢罗莎贝斯·莫斯·坎特（Rosabeth Moss Kanter）指出信任在商业行为边界中的作用。

己行为凌驾于组织利益之上。

商品市场提供了这种情况下一个极端的例子。准独立经纪人的自利行为导致不确定性高，组织信任度低。在芝加哥贸易委员会（Chicago Board of Trade）采用的工作规则的研究中，莱布莱比吉和萨兰西克（Leblebici and Salancik，1982）指出，环境不确定性（价格波动）与采用规则来管理交易密切相关。随着环境不确定性的增加，规则的数量增加。此外，违反这些规则所实施的制裁数量与市场波动有关。

不幸的是，由于管理者误解或合理化异常行为，不当行为经常发生。盖勒曼（Gellerman，1986）列出了四种常见的合理化解释：(1) 行为并不是"真正"错误的；(2) 行为符合组织的最佳利益；(3) 被抓住的可能性很小；(4) 如果暴露，高层管理者会宽恕这种行为并保护相关管理者。然而，如果一个企业的特许经营权建立在诚信的基础上，它就不会让员工冒险将管理层对业绩的渴望误解为不道德或非法行为的授权。公共会计师事务所、法律事务所、战略咨询公司、投资银行、国防承包商和制药公司依靠信任来确保业务。[①] 这些公司总是建立明确的商业行为界限。

例如，一家著名的投资银行在其商业行为准则中指出："我们的资产是人、资本和声誉。这些如果丢失了，是最难找回

[①] 信任，从定义来看，是允许"受信任的人"参与一项将不受信任的人排除在外的活动。"委托人"自愿将资源交由受信任的人支配，并断定基于受信任的人未来的行为，委托人的境况会更好。只有当受信任的人确实值得信赖时，这种理解才会被证明是正确的（Coleman，1990，97-98）。

的。"这家公司的商业行为边界使个人无法在不受欢迎的行业（如赌场和赌博公司）发展客户关系，或在不友好的收购中担任经销商经理。一家大型战略咨询公司的"应做和不应做"手册规定，该公司的顾问不得向任何人（包括配偶）透露客户的姓名，并且在试图为客户收集竞争性的信息时不得歪曲事实。

不幸的是，高层管理者往往认识不到建立商业行为边界的经济或战略好处。即使他们认识到了，好处也很难估计，因为这种方式获得的好处表现为成本的节约。因此，大多数商业行为边界都是在一个事件或危机使公司面临资产或声誉意外损失之后制定和传达的。正如安德鲁斯（Andrews, 1989）所指出的，企业在公共丑闻或可疑行为的内部调查之后制定行为准则。例如，通用电气（General Electric）在两名下级员工错误分配国防业务的项目会计成本，导致美国政府暂停了该公司作为供应商的资格后，制定了一项商业行为准则。①

了解另一家公司的事件或危机是评估边界控制系统带来的好处的一种替代方法。商业报刊曾报道称，华尔街投资公司正在安装商业行为边界控制系统，原因是所罗门兄弟（Salomon Brothers, 华尔街的著名投资银行）少数员工的不当行为丑闻严重损害了公司的业务。② 艾罗提醒我们：

---

① "在通用电气同意做出改变后，美国政府取消了与通用电气签订合同的大部分禁令。"参见 *Wall Street Journal*, 19 April 1985。

② 例如，参见 "On Wall Street, New Stress on Morality", *New York Times*, 11 September 1991; "Compliance Officers' Day in the Sun", *New York Times*, 20 October 1991。

机会收益，即由于行动带来的利润改变而产生的收益变化。当目前采取的未经审查的行动减少时，机会收益可能会增加。通俗地说，我们有一场"危机"。用威廉·詹姆斯（William James）的话来说，"强制性事实"可能比任何关于变革带来好处的推测更有说服力。泰坦尼克号的沉没让人们开始对冰山区域进行巡逻。（Arrow，1974，52）

因为管理者经常开发边界控制系统来应对突发事件，所以这些系统往往在禁令和制裁方面规定得相当具体。例如，通用电气发布了一项正式政策，禁止违反政府成本会计政策的会计分配。随着时间的推移，一系列的边界控制系统逐渐建立起来，因为组织认识到必须阻止某些类型的行为。

当一家公司的声誉损失影响该行业其他公司的声誉时，就会出现一种特殊情况。例如，会计师事务所拥有进行独立财务审计的专属权利，但这些权利可以通过政治程序撤销。这些权利建立在公众对公司执行和管理适当的审计标准的信任之上。一家公司未能达到这些标准，可能会危及整个行业的声誉和竞争规则。

因此，行业协会通常会公布和执行商业行为边界。这些边界是通过职业行为陈述加以编纂的，并通过同行审查和纪律处分程序对其进行监管和执行。[1] 我们从《管理会计师道德行为准

---

[1] 感兴趣的读者可以参考戈林（Gorlin，1986）相关研究中关于会计师、建筑师、银行家、工程师、保险代理人和房地产代理人——他们通常在营利性公司中工作——职业行为准则中的"不可"内容。

则》(Standards of Ethical Conduct for Management Accountants) (Institute of Management Accountants, 1983) 中找个例子来说明。

管理会计师有以下责任：

● 避免实际或明显的利益冲突，并将任何潜在冲突告知所有相关方。

● 避免从事任何有损其合乎道德地履行职责的能力的活动。

● 拒绝任何会影响或似乎会影响他们行为的礼物、恩惠或款待。

● 避免主动或被动地使组织无法实现法律和道德目标。

● 识别并传达可能妨碍负责任判断或成功执行活动的专业限制或其他限制。

● 传达不利和有利的信息以及专业判断或意见。

● 避免从事或支持任何有损专业声誉的活动。

行业协会通过具体的制裁来强制执行商业行为准则。安大略省特许会计师协会职业操守委员会（Professional Conduct Committee of the Institute of Chartered Accountants）对1987年至1990年间调查的180项指控进行了审查，结果发现，该协会41名成员被控违反15项准则。20%的成员被指控违反保护"行业良好声誉"的准则；违反"诚信"准则的指控成员数量排名第二（16%）。41人都被定罪并受到纪律处分，包括罚款、强制学习教育，甚至在某些情况下还被停职（Brooks and Fortunato，1991）。

当一个分支机构的声誉损失可能对系统中的其他分支机构产生不利影响时，分散的零售业务的特许人和公司总部也会正式确定和实施商业行为边界。由于零售特许经营权和多个分支机构通过提供一致的产品和服务进行竞争，如麦当劳、万豪酒店（Marriott Hotels）、沃尔玛、诺德斯特龙（Nordstrom）和百事（Pepsi）装瓶厂，任何一个分支机构的失败都会对系统中的所有分支机构产生不利影响。例如，罗伊·罗杰斯餐厅（Roy Rogers Restaurants）对其独立的特许经营者施加了严格的条款。条款对培训、质量标准、清洁度和菜单规格的限制是很详细的，且要求严格执行（Bruns and Murray，1989）。

绩效压力也对是否制定正式商业行为边界有影响。在对590家公司的调查中，里奇、史密斯和米哈莱克（Rich，Smith，and Mihalek，1990）发现，在具有正式商业行为准则的公司中，实现特定净收入或投资回报率目标的压力最大。作者原本假设，如果一家公司有正式的行为准则，那么实现财务目标和操纵盈利的压力将更小。然而，因果关系更可能朝相反的方向发展。绩效压力产生了制定行为准则的需求。卡罗尔对238名管理者的调查显示，大多数管理者在某个时候感受到压力，要牺牲个人标准以实现公司目标（Carroll，1975，77）。如前所述，麦钱特也发现，实现财务目标的压力导致管理者操纵会计绩效指标的概率增加。使用诊断控制系统（下一章讨论）向员工施压的公司必须制定严格的指导方针，明确某些不良行为将不会被容忍。

商业行为准则不可避免地限制了行动自由。虽然一些组织参与者可能不希望受到此类准则的约束,但许多参与者实际上希望制定行为守则并使之具有可执行性。当行为准则与个人行为标准相一致时,人们就不会有什么怨恨的理由。《哈佛商业评论》(Harvard Business Review)的一项调查显示,大多数受访者认为,这些准则可以用来防御来自上级的不适当压力,这种压力可能导致他们从事违反个人标准的行为(Brenner and Molander, 1977)。因此,商业行为准则可以使中下层管理者得以解脱。①

战略边界

战略边界主要针对机会寻求行为来支持明确的组织战略。虽然战略规划系统有几个不同的目的,但一个主要目的是限制探索活动。战略规划经常被用来规定哪些探索活动是不可接受和不应继续的。

商业机会的涌现常常迅速且不稳定,因此试图规定一个企业如何寻找机会可能会妨碍企业取得成功。然而,高层管理者可以划定他们不希望组织花费资源的商业机会范围。为了做到这一点,这些管理者使用战略规划工具和清单。例如,一家大型计算机公司使用其战略规划流程将其机会集划分为管理者所称的"绿色空间"和"红色空间"。绿色空间是寻找机会的可接

---

① 感谢哈佛商学院研讨会"决策与道德价值"(Decision Making and Ethical Values)参会者的观察。

受领域，红色空间代表产品和市场。在这些产品和市场中，尽管组织可以在这些领域竞争，但个人无法寻找新的机会。一家英国慈善机构使用类似的系统来监控战略边界。该机构保留了一份被认为不受欢迎的公司的"灰色名单"，并且不会征求和接受名单上这些公司的捐款。

正如商业行为边界通常是在事件或危机发生后强加的，战略边界通常是在过度的探索行为和试验有可能消耗公司资源时强加的。管理者希望激发创造性的探索行为，但不专注的探索会浪费财务资本和管理注意力。国际电话电报公司（ITT）的首席执行官（CEO）哈罗德·杰宁描述了这样一种情况以及他实施战略边界的决定：

> 生活中你没走的道路可能和你走过的道路一样重要。在20世纪60年代早期，当计算机被视为未来的浪潮时，我们的许多工程师，特别是那些在欧洲的工程师，都渴望进入这一新的、非凡的领域。我们这家在计算机开发方面遥遥领先的德国公司以低于IBM的出价赢得了为法国航空公司（Air France）开发电子订票系统的合同。我们在那份合同上损失了1 000万美元。我叫停了计算机方向的进一步发展。
>
> 在ITT早期执行禁止开发通用计算机的指令时，我承受了很大的压力。我们的工程师和投资顾问都喜欢计算机开发。他们说，每一个有能力的人都会进入计算机行业。他们答应说，只要进入计算机领域的消息一经宣布，我们的

股价就会上涨。但我不为所动。(Geneen, 1984, 219 - 220)

为了挽救克莱斯勒(Chrysler)在20世纪70年代中后期的亏损,约翰·里卡多(John Riccardo)和后来的李·艾柯卡(Lee Iacocca)建立了战略边界,以阻止资源在多个市场上的非生产性使用。为了将业务重点重新放在北美汽车和卡车生产上,制定的战略边界将欧洲、非洲和所有非汽车业务置于商业机会之外。结果,克莱斯勒原有的国际业务和坦克业务被出售,退出了租赁业务(Iacocca, 1984, 165, 187 - 188)。

除了确定要避免的机会,战略边界还可以为可接受的机会设置限制。然后还可以对这些机会进行排序。表3-2展示了安德普翰公司(Automatic Data Processing, ADP)用于指导其年度战略规划工作的战略清单。

表3-2　ADP的战略清单

对所从事的主要的服务业务和产品的七项关键要求(大多数要求是服务于企业的良好战略。若企业制定了一个糟糕的战略,即使被很好地贯彻执行也无法取得成功):

(1) 收益潜力。
　　单个战略业务单元(strategic business unit, SBU)的年度经常性收益应该超过5 000万美元,单个业务线应超过2 000万美元,单个产品应超过500万美元。

(2) 成长潜力。
　　至少保持15%的增长率,最好超过20%,(如果计划得好)这是很有可能实现的。(现有业务中的防御性项目或投资回报率非常高的业务,增长率可能会相对较低。)

续表

(3) 最好具有的竞争优势。
　①当前市场较为分散（不考虑 ADP 的情况下）。
　②ADP 在当前市场中排名第一或第二（如果市场较为分散，排名第三也可以），并且有潜力在五年内成为第一。
　③市场中没有财力雄厚的恶意操纵市场的参与者（通常是零利润目标），否则，它们的定价可能会损害我们的盈利能力。

(4) 产品方面：标准化计算机相关业务的应用（包括前后台）。
　* ①可批量投放市场型（非定制化，以便用预期销量/交易量大）。
　* ②可批量生产型（非定制化、近均衡生产，以便用有限劳动力进行大批量交易）。
　* ③一贯地拥有一流的对客户直接服务的功能和性能，明确自身承担的客户责任。
　　④可向其他可集成应用拓展，特别是在业务前台。
　* ⑤受标准化"第三方因素"（规章制度、许可证发行方、同行竞争等）影响。
　　⑥得到有影响力的第三方机构（银行、会计师事务所、同行、硬件合作伙伴、许可证发行方、贸易协会等）的支持。
　　⑦利用现有的客户/市场关系（同心圆）。
　* ⑧不同于采用显著的/有价值的可持续方式的竞争对手（比如机组控制屏等），它们不仅仅依赖于自动化和技术。

(5) 保持令人满意的市场增长率。
　对于原本不涉及的新业务，取得稳定的增长和一定的溢价尤其重要。
　* ①非常独特的产品/服务定位。
　* ②客户显著增长的潜能或计划。
　　③良好的客户生命周期或退出壁垒（一定要考虑长期留住顾客）。
　　④对激烈竞争有进入壁垒（有长期的客户订单可能与之相关）。
　* ⑤与客户的其他选择相比，对客户有高附加净值（例如，客户收益与 ADP 收费）。
　　⑥稳定的客户偏好（不是反复无常的客户）。
　　⑦生产成本最低（但不是售价最低）。

续表

(6) 强大的管理能力。
经验丰富、工作投入、专注、有能力、有信誉、有成功的关键因素。

(7) 巨大的财务潜力。
* ①有抱负的商业计划(利润率、增长率、生命周期、投资回报率都向好的趋势发展)。
②良好的风险与收益关系(不单独依赖于某个客户)。
③较高的产品使用频率/重复收益(稳定性/可预测性)。
④清晰把控发展节点/制订应急计划(如果有必要的话,可制订退出计划)。
* ⑤可行的退出机制和可承担的退出成本(有必要的话)。
* ⑥可接受的投资回报率(包括风险、所有资本投资、未来并购和货币成本)。
⑦如果可行的话,客户端硬件不计入公司资产负债表。
⑧NBE 百分比一般不能超过处理边界,除非客户生命周期非常长……以便获得足够的风险回报和 NBE 投资回报。

资料来源：Robert Simons and Hilary Weston, Automatic Data Processing: The EFS Decision, case 9-190-059. Boston: Harvard Business School, 1989. Reprinted by Permission.

战略清单上的七项要求是 ADP 资助或收购的企业必须通过的最低测试。ADP 管理者认为前面标注星号的那些标准特别重要。虽然通过测试是必要的,但这并不能保证收购,还必须进行进一步的分析以确定其是否是合适的收购候选企业。但是,任何一项测试的失败都足以否决该项业务。

像 ADP 清单这样的战略边界可能迫使下属管理者考虑退出不受欢迎的业务。例如,ADP 将这一清单作为催化剂,在竞争性条件损害高利润的电子金融服务业务的价值之前,就决定将其出售。回顾该企业的清单可以看出,该业务正在偏离战略边界。万事达卡（Mastercard）和维萨（VISA）卡的竞争加上银行业的动态变化，使关键边界在多个规定上对该项业务亮了红灯（Simons and Weston，1989）。ADP长期以来一直使用这种战略边界控制系统来对业务进行把关，这或许有助于解释它是如何实现每股季度收益以两位数增长的最长纪录的，这超过美国其他任何一家上市公司（最后一次统计是，连续128个季度即32年）。[1]

战略边界不必像ADP那样具体。任何观察美国企业的人都会对通用电气董事长杰克·韦尔奇（Jack Welch）经常重复的战略边界很熟悉：通用电气将退出任何无法获得第一或第二市场地位的业务。

在许多组织中常见的另一种战略边界控制系统是资产购置系统（资本预算系统）。从本质上来看，几乎所有的资本预算系统都详细规定了每个员工在提议资产购置时应使用的最低回报率或贴现率。由于高级管理层无法预见组织能获得的所有机会，审查资产购置提议的高层管理者对可接受的建议设置了一个较低的限制，并激励员工在边界条件下寻找可能的最佳资产利用机会。最后会产生这样一种结果："我不会告诉你需要的机会是什么。请找到最佳机会并把它呈现给我们，但是不要考虑投资回报率低于15%的提案。"投资回报率就这样设定了最低界限。

---

[1] 请参见 *Forbes*（4 January 1993）：99；*Fortune*（20 September 1993）：80。

边界控制系统激励措施

由于每个人的精力都是有限的，只有加以诱导，员工才会关注一些特定的系统，但是管理者应该如何奖励不违规的下属呢？

管理者几乎没有什么理由因为员工没有违反规定而去奖励他们。如果规定的边界很明确并有效地传达给每个人，大多数员工将不会违反规章制度。例如，如果要奖励遵守商业行为边界的99%的员工，将导致高昂的成本，而不会增加组织的绩效。因此，边界控制系统的激励措施通常是惩罚。虽然一些作者，如盖特伍德和卡罗尔（Gatewood and Carroll，1991），呼吁建立新的衡量方式和控制系统来监控规范性行为，并奖励那些行为规范的成员；但很少有组织响应这些号召。相反，大多数组织只是惩罚那些违反既定政策或公认的行为规范的成员。

与其他行为规范一样，如果没有可靠的惩罚措施，边界控制系统就不能发挥作用（Coleman，1990，第10和11章）。在斯威尼和西尔斯（Sweeney and Siers，1990）的调查中，70%的公司的行为准则包括明确的处罚和惩戒措施。1989年，负责实施通用电气合规项目的法律顾问约翰·沃格尔（John Vogel）在给哈佛商学院学生的演讲中说："在遵守商业行为准则方面，没有胡萝卜（奖励措施），只有大棒（惩罚措施）。"

惩罚也是战略边界得以执行的主要手段。哈罗德·杰宁在描述他如何强制执行禁止在通用计算机项目上浪费资源的决定时，这样说道：

> 其他人继续偷偷地为我们从事计算机开发工作。得知此事后，我雇用了两名非常有能力的工程师，并交给他们一项持续了几年的特殊任务。这项任务是随意造访我们公司全世界的工程和新产品实验室，找出所有刚起步的通用计算机项目，无论它们是以什么名义进行的，都将其禁止；如果过程中他们遇到什么麻烦，可以打电话到总部，总部会帮他们把对方赶走。(Geneen，1984，220)

要使惩罚有效，威胁必须明确并令人信服。因此，管理者应该用"无一例外"的政策来表明违规者必将受到惩罚。在各个竞争激烈的行业中，设定困难的目标并将奖励与业绩挂钩，会给员工带来压力，从而迫使他们做出上级认为不恰当的行为。边界控制系统会警示组织成员，某些类型的行为或活动是不能容忍的。

边界控制系统和组织自由

组织成员可以将边界控制系统视为一种行为的约束，也可以将其看作一种自由的保证。前面提到的一个例子说明了行为准则是如何约束不道德行为的。然而，在通常情况下，组织成员发现这些写明了不道德行为的规定，允许他们在一定范围内自由行动。英国一家工业公司的总裁威尔弗雷德·布朗坚持认为，缺乏规则可能具有欺骗性。一开始，下属认为他们有行动的自由，但他们很快就会明白，上级要求他们对不成文的规则负责，而这些规则只能通过试错来确定。这样会造成下属举棋不定或不愿采取行动。

然而，我发现，尤其是在与外部应聘者讨论工作的时候，我们制定的一系列政策文件、会议制度和条款条例，恰恰会使人们得出与真实的情况相反的看法，也就是说，他们认为成文的规章会剥夺他们决策的权利。事实上，只有以这种方式划定"自由"区域，下属才知道什么时候可以做决定。如果没有成文的规章，下属将处于这样一种境地：他所做的任何决定，无论多么微不足道，都可能违反一项未阐明的政策，并招致谴责。（Brown，1960，97 - 98，引自 Perrow，1986，21 - 22）

在讨论规则的价值时，佩罗总结道：

规则会保护那些服从它们的人。规则是确保集体自主权和自由的手段；减少规则的数量通常意味着组织会更加不近人情，更不灵活，更标准化。但即便如此，规则仍然令人厌烦。我们都希望能摆脱它，至少表面上是这样的。实际上，只有某些规则是令人厌烦的。那些好的、有效的规则很少被注意到；反而无效的会格外突出。（Perrow，1986，24）

对行为的限制以一种反常的方式创造了有限的自由，在这种自由中，信仰控制系统的激励作用可以蓬勃发展。正是由于信仰和边界两个控制系统相互制约，才使得组织成员能够承担责任、履行义务，并有为组织做贡献的自由。

利用边界控制系统设置战略领域的风险

边界，尤其是战略边界，划定有误的风险总是存在的。组织及其环境经常比组织规章制度变化得更快（Perrow，1986，26）。例如，王安电脑（Wang Computer）在桌面文字处理行业建立了强大的市场特许经营权，它遵循一个简单的战略边界：不参与IBM占领的任何细分市场。这一战略边界让公司在桌面文字处理行业建立了一个有利可图的利基市场。不幸的是，当技术转变到允许个人电脑自主安装文字处理软件时，这种战略边界导致了公司状况的迅速恶化。[①]

如果战略边界设置不当，会妨碍公司适应不断变化的产品、市场、技术和环境。边界控制系统使员工在可接受的活动范围之外寻找新的机会时会冒一定的风险。严格的战略边界让员工清楚地知道，利用公司资源开拓规定之外的产品市场会被发现并被惩罚。

管理者禁止在特定的产品市场寻求机会的行为，可能会阻碍组织在新的和意想不到的领域获得早期优势。莱维特（Levitt）在1960年的著名文章《营销短视》（Marketing Myopia）中描述了许多公司和行业由于管理层未能预见战略领域不稳定的情况而走向衰落，以及大量的其他例子。正如莱维特所说："今天的朝阳产业就是明天的夕阳产业。"高层管理者必须要灵活，

---

① 摘自赫尔肯汉姆（W. Herkenham）1989年为哈佛商学院MBA课程"战略管理系统"撰写的关于王安电脑实验室边界系统研究的论文。

并根据情况的变化重新定义战略边界。

其他类型的边界控制系统也存在类似的风险。资本预算系统可能会因为抑制提交具有战略重要性的短期回报较差的项目，而限制公司的发展机会。一些资本项目几乎不能提供即时财务回报，但长期来看，可能增强组织适应或进入新产品市场的能力。如果资本预算系统把这些机会拒之门外，可能对公司的长期竞争力造成致命影响（Baldwin and Clark，1992；Porter，1992）。此外，一些不合理的限制性指导方针可能会导致员工采取一些"迂回"的方式，从而使边界条件不被打破。

事实胜于雄辩

信仰和边界是高层管理者核心信念和价值观的正式、明确的表述。然而，我们必须认识到提倡的理论和实际应用的理论之间的区别（Argyris and Schön，1978，10-11）。前者是我们所说的；后者是我们所做的。如果公司一贯的或者是得到管理者默认的行动与所提倡的信仰和边界不一致，那么这些信仰和边界可能是无效的。如果员工知道管理者经常贿赂政府官员以加快审批文书的速度，那么有些规定就无法执行。可怕的切尔诺贝利核事故让我们得以一窥其潜在后果。

高层管理者的态度自然会影响下级的态度。若列斯·梅德韦杰夫（Zhores Medvedev）引用了切尔诺贝利的一位白班操作员的解释，在同样的情况下，他也可能像夜班操作员一样违反规定：

> 这是为什么？让我来解释一下……首先，我们常常觉得没有必要严格遵守法律，因为这些法律就在我们眼前被破坏了——而且经常如此！……难道真的是政府委员会认为区块4已经准备好运行，却不知道它是不完整的吗？他们当然知道……（Holloway，1990，5）

高层人员的行为（理论实践）可能会凌驾于为保护组织的完整性而建立的信仰和边界之上。

信仰、边界和管理者

高层管理者的主要职责是阐明组织的核心价值观和愿景，分析商业风险，并划定适当的竞争领域。唐纳森和洛尔施在研究高层管理者的决策时总结道：

> 每个信仰控制系统的核心都是管理层对公司独特竞争力的愿景。在管理者的心目中，这一愿景阐明了公司的经济、人力和技术资源能够实现和不能实现的目标；公司应该从事的经济活动类型以及如何进行这些活动。因此，从本质上来说，它决定了可选择的战略手段……因此，管理层对个人能力和相较优势的主观看法取决于企业经济和金融环境的现实状况。（Donaldson and Lorsch，1983，80）

尽管高层管理者通常自己起草信念陈述，但他们也可能会将草稿分发给一小群同事，征求他们的意见并改进。通过这种形式确保清晰而简洁地向组织传达他们的愿景。通常，管理者也会设定战略边界。

在常规情况下，高层管理者将颁布商业行为准则的工作委派给职能专家。然而，高层管理者会对重要的商业行为边界进行审核和批复。在最近的一项调查中，95％的样本公司的行为准则是由首席执行官或董事会批准的（Sweeney and Siers，1990）。

高效的管理者通过演讲、颁奖和小组会议等行为来表明信仰控制系统的重要性（Kotter，1990，第 5 章）。通过公开的言语和行动，管理者明确表示应该尊重边界。在斯威尼和西尔斯抽样调查的公司中，75％的公司向首席执行官和董事会报告了违规行为。安德鲁斯（Andrews，1989）认为，管理者可以亲自进行惩罚。

信仰、边界和职能专家

职能专家（会计师、质量控制员、内部审计员和信息技术专家）的作用因不同类型的管理控制系统而异。对于某些系统，职能专家充当关键设计人员和信息看门人；对于其他系统，职能专家主要作为促进者（Simons，1987b，1990）。

职能专家在信仰控制系统和边界控制系统中扮演着两个重要的角色。一是维护这些系统。维护活动包括传播支持信仰控制体系的材料，进行调查以判断员工的认知，设计教育研讨会，沟通和更新商业行为准则，准备战略清单，以及准备资本购置指南。二是检查边界的遵守情况。内部审计员、预算分析师和计划人员要提防个人产生违反管理意图和政策的行为。职能专家检查业务计划和资本购置提议，以确保这些提议不会涉及指定的边界之外的业务领域。

小结

本章主要讨论了在组织内部传达并系统执行的信息、象征和规则。在许多方面，这些内容与组织文化的概念是一致的。事实上，许多人类学家和社会学家将文化定义为一套规则和标准，它们会阐明组织中人们应该做什么和不应该做什么（Schall，1983）。组织文化的规则通常是明确的：不遵守这些规则就会受到惩罚。此外，当规则和信念为组织成员创造新的观念时，它们就有了自己的价值（Dent，1991；Feldman and March，1981）。信仰控制系统创造标准，并充当文化楷模。边界控制系统中体现的规则既会创造组织文化，也会反过来被组织文化影响。

信仰控制系统和边界控制系统是正式的、基于信息的、管理者用来维护或调节组织活动模式的惯例和程序。管理者和专业控制人员通过教育活动、宣传材料、认知调查和反馈会议，在整个组织中交流关于信仰和边界的信息，从而将这些静态文档和程序转换为可操作的系统。如果想要信仰和边界成为有生命的系统，就必须在组织内部不断巩固加强。

这两个基本杠杆一起发挥作用，创造了阴阳两极的力量。温暖、积极、鼓舞人心的信仰控制系统反衬出边界控制系统产生的黑暗与寒冷。其结果是承诺和惩罚之间形成一种动态平衡。高层管理者将在组织中推动这个过程。

领导者应该通过确立战略方向，调整、激励和鼓舞员工以及维护机构的完整性来防止组织出现偏航的情况（Selznick，1957，62-64）。管理控制系统将无限的机会空间转化为组织成员被鼓励探索的焦点领域。要了解如何设计这些系统并使用它们来支持商业战略，必须分析两个关键变量，即核心价值观和商业风险。

信仰和边界对组织生存至关重要。随着机会的增加和业绩压力的增大，一个明确的信仰控制体系和可执行的边界控制体系变得越来越重要。除了给予激励以及规定的责任和义务，一个强大的信仰控制系统和清晰的边界可以使管理者确认其下属不会从事可能危及商业信誉的活动，也不会参与不具有竞争优势的项目或行动从而无端消耗组织资源。这保证了管理者能够集中精力使得他们的公司成功面对激烈的市场竞争的挑战。

| 第4章 |

诊断控制系统：实施既定战略

本章介绍第三种控制杠杆：诊断控制系统。诊断控制系统作为一种反馈系统，是传统管理控制系统的支柱，其设计目的在于确保实现可预测的目标。奇怪的是，管理者并没有给予这一系统充分关注，这包含了潜在的危险。

在任何规模的组织中，运转过程都具有复杂性，每天需要做出决策的绝对数量都相当多，这迫使下属很多时候要自己做出决策。同时，高层管理者需要确保这些决策符合组织目标。诊断控制系统是一种正式的信息系统，管理者用它来监控组织的绩效并纠正相对于预设绩效标准的偏差。

诊断控制系统有三个特点：(1) 能够衡量某一过程的产出；(2) 存在可与实际结果进行对比的预设标准；(3) 能够根据预设标准纠正偏差。图4-1展示了诊断控制系统普遍具有的特点。

大多数关于控制系统的探讨都强调了对下属所做的决定和开展的活动进行监控的重要性，并将这种事后监控行为称为"产出控制"、"绩效控制"或"结果控制"（Ouchi，1977；Mintzberg，

图 4-1 诊断控制系统

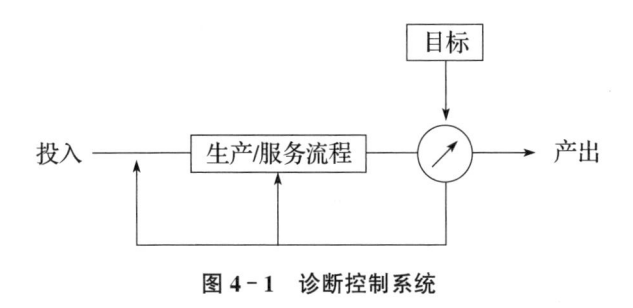

1979，149；Merchant，1985，第 2 章）。医生检查病人身体就是一种事后检查：测量血压、心率、胆固醇水平和其他体征，并将检查结果与按患者性别、体重和年龄等设定的标准进行比较，记录偏差，并写医嘱对症下药。

在对个人行为、机器、部门或生产线进行控制时，都会出现下面这种现象：投入的劳动力、信息、原材料、能源等都进入一个生产或服务过程，并被加工成有价值的产出。这需要定期衡量产出的数量和质量，并与预设标准进行比较；利用反馈的各种偏差信息对投入进行调整或对过程进行微调，以便将来的产出更接近预设标准。如果总是出现不一致的情况，比如产出总是高于预定目标，就要对预设标准进行调整。

基于这一描述，把恒温器看成另一种常见的诊断控制系统也就不足为奇了。恒温器通过对实际空气温度与预设标准温度的持续比较，控制暖气的开关来调节空气温度（Lawler and Rhode，1976，40-41）。飞机驾驶舱中的测量仪表也具有诊断控制功能，测量仪表向飞行员提供偏差信息，飞行员据此不断检查是否存在异常，并调整飞机控制系统，确保关键数据保持在预设范围内。

实际上,几乎所有有关管理控制系统的著述讨论的都是诊断控制系统。事实上,"管理控制"这一术语通常就是我们这里所说的诊断控制系统的同义词。例如,麦钱特说:"控制本质上意味着'循规蹈矩',这是管理的关键职能之一……良好的控制意味着掌握信息的人能够有把握地相信不会发生重大的、令人不快的意外事件。"(Merchant,1985,1,10)洛兰奇和莫顿持有类似的观点:

> 管理控制系统的根本目的是通过提供一个正式的框架来帮助管理层实现组织目标,包括:(1)识别恰当的控制变量;(2)进行良好的短期规划;(3)按确定的控制变量记录短期规划的实际完成程度;(4)对偏差进行诊断分析。(Lorange and Morton,1974,41-42)

利润计划和预算是现代企业最常见的诊断控制系统。一项对402家美国公司的调查显示,有97%的公司在商业经营中使用正式的预算编制规划(Umapathy,1987,18)。表4-1列出了商业组织中常见的诊断控制系统。

表4-1 常见的诊断控制系统

目标和目标系统
商业计划
利润计划和预算
费用中心预算

续表

项目监控系统
品牌收入/市场份额监控系统
人力资源规划
标准成本会计系统
目标管理系统

诊断控制的替代方案

所有组织的运营过程都可以看作把投入的劳动、资本、信息、能源、材料等转化为价值产出。尽管诊断控制系统对产出进行衡量和监控,但在某些情况下,管理者可以选择直接对投入加以控制或者对生产过程加以控制。如果不需要改变生产过程,就可以制定标准生产步骤,指定应如何执行每个操作。因此,管理者可以通过告诉员工如何完成工作并确保他们遵循规定来实现控制。这是我们在第2章讨论过的由弗雷德里克·泰勒提出的方法。管理者可以借助效率分析、内部控制标准和期望的质量或安全水平来制定详细的生产步骤。当标准化能提高效率时,比如生产流水线所起的作用;或是当贵重资产被盗的风险很高时,比如赌博场所;或是当质量和安全对产品性能至关重要时,如核电厂等,常常会采用标准生产步骤。

上述每种情况都是利用标准化最大限度地降低个人在发挥创造力时犯错误的风险。对于某些工作,发挥创造力可能会导致效率低下、出现盗窃行为以及产生质量或安全故障的风险，例如新生产流水线上的员工必须学会如何保证生产线的正常运转，新的发牌和处理现金的方式可能会躲过现有的赌场管制，在生产步骤上做一些试验可能会导致无法及时发现质量问题或系统故障。毕竟，我们能期望运营核电站的员工有多大的创造力？

管理者也可以通过对投入进行仔细选择来控制产出。选择优质的钻石是生产出高品质的戒指的一种保证。仔细地挑选和培训员工是高质量完成任务的一种保证。在少数无法直接监测工作过程或产出的情况下，选择和培训员工是唯一可行的控制手段。然而，在这种情况下，新员工的选择以及组织使命、目标和工作方法的灌输会消耗组织的大量精力。在对必须在偏远地区单独工作的员工进行培训时需要采用这种方法，例如耶稣会传教士和美国护林员（Kaufman，1960）。然而，对于大多数商业组织来说，单靠对投入进行控制很难确保能够按照管理层的意图完成任务。此外，这种类型的投入控制所必需的强化培训和教育灌输对大多数企业来说成本太高。

因此，在商业组织中，控制投入和标准化生产步骤都不是诊断管理控制的可行方法。标准化会抹杀创造力和创新的潜力。控制投入虽然允许最大限度地发挥创造力，但成本太高，而且存在个人利益凌驾于组织利益之上的风险。诊断控制系统为管理者提供了一个适当的折中方案。

既定战略与关键绩效指标

嵌入在正式计划和既定战略规划中的目标可用来监控组织是否执行了既定战略。因此,监测组织绩效的诊断控制系统是实施既定战略的重要杠杆(见图4-2)。

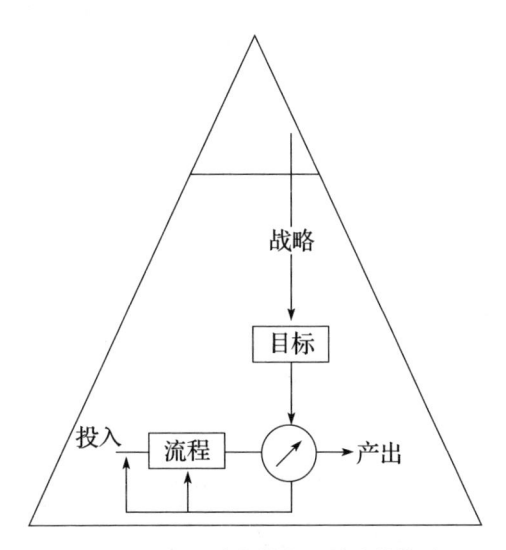

图4-2 利用诊断控制系统实施战略

诊断控制系统试图对一些变量进行衡量,这些变量反映既定战略的各个重要绩效维度。我将这些产出变量称为"关键绩效指标"。其他学者也称之为"主要成功因素"和"关键成功因素"。在本书中,关键绩效指标是指为使企业的既定战略获得成功而必须达到或成功实现的那些要素。找到这些变量的一种方法是假定战略失败,想想那些要素会被认定为失败的原因。

关键绩效指标要么影响成功实现目标的概率（一种有效性标准），要么提供随着时间推移而获得最大边际收益的潜力（一种效率标准）。因此，有效性和效率是选择诊断控制系统中关键绩效指标的主要标准（Anthony，1988，34）。

过去和当下使用的方法

唐纳森·布朗（Donaldson Brown）对关键绩效指标进行了首次系统性的确认，1915年前后他在杜邦公司（Dupont）担任首席财务官时总结出了这一方法，后来他又将其引入通用电气公司（Kuhn，1986，58-62；Johnson and Kaplan，1987，86，101）。如图4-3所示，布朗将投资回报率细分为一系列与资产周转率和销售利润率相关的财务指标。这些关键绩效指标本质上是财务指标。但是——

> 布朗意识到，通用汽车的成功在于控制非财务变量的能力。他指出了生产、广告和市场营销的重要性，并补充道，生产出一种"设计独特，做工精良，引领时尚"的产品，可以获得可观的回报率。因此，"不断改进工艺"和"及时捕捉大众不断变化的品味"可以最大限度地降低风险。
>
> 因此，为了控制绩效，企业常常需要在财务以外的一些方面进行调整，尽管调整的结果会最终反映在财务方面的回报率和一些关键财务变量上。也就是说，可以将非财务变量映射到更关键的财务变量上，以便告知设计者和决策者了解股东对提高绩效有什么期待。（Kuhn，1986，61）

图 4-3 布朗投资回报率表

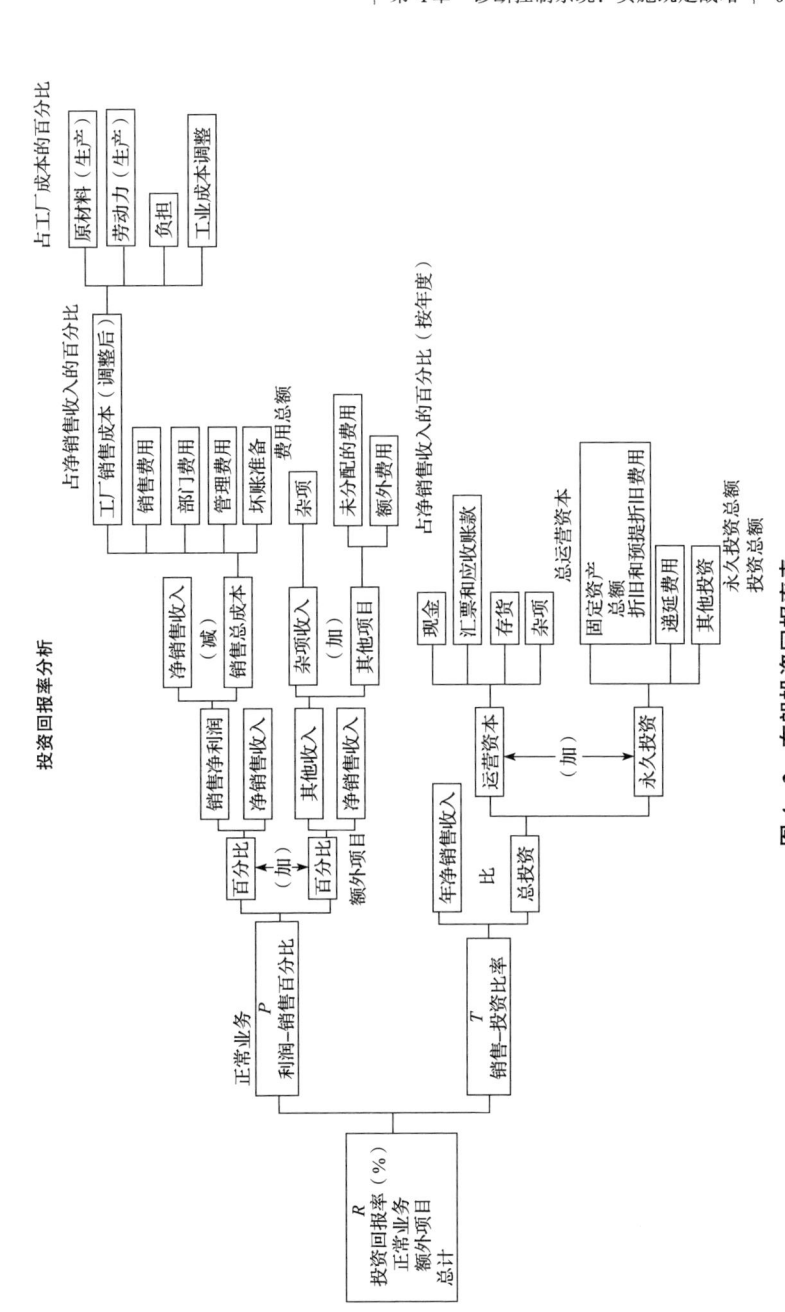

资料来源：Donald Brown, *Some Reminiscences of an Industrialist* (Easton, Penn.:Hive Publishing Company,1977), 129.

到20世纪60年代，关键绩效指标的概念已经更加广泛，包括市场定价、新产品引入、客户服务和物流等许多要素在内（Daniel，1966）。直到现在，公司还常常将客户满意度和产品质量看作关键绩效指标。

例如，诺德斯特龙百货是一家专业零售商，它通过提供高价位的时尚服装和卓越的客户服务来参与竞争。诺德斯特龙依靠丰富的商品品种和销售人员的周到服务来赢得客户。该企业的关键绩效指标是：（1）客户忠诚度；（2）勤奋的销售人员。该企业鼓励销售人员想尽一切办法使客户满意。感谢信、送货上门、为客户更换轮胎等服务对于诺德斯特龙的销售人员来说已经司空见惯。客户忠诚度是该企业所期望的结果，这对于促使业务不断发展以支持企业的存货政策和价格政策至关重要（Simons and Weston，1990c）。

一旦确定了关键绩效指标，诊断控制系统就会提供一些指标，以确保有效地管理这些变量。在诺德斯特龙公司，最成功的销售人员就是那些将客户视为资产的销售人员。这些员工通过创造性地向客户介绍新商品和提供售后服务来吸引回头客，就像一个好的汽车销售员或股票经纪人可能做的那样。因此，每小时销售额就是一个关键的诊断指标，管理者可据此了解哪些销售人员已经建立了一支忠诚的客户队伍、吸引了更多的回头客。

图4-4反映的是商业战略、关键绩效指标与诊断控制系统之间的关系。

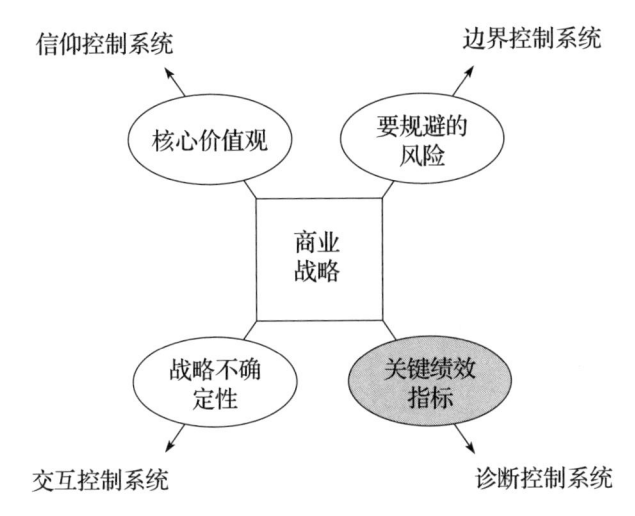

图 4-4　第三种控制杠杆

确定关键绩效指标

为了正确确定关键绩效指标，有必要对公司的既定战略以及与该战略相关的具体目标加以分析。一旦确定了关键绩效指标，就可以制定衡量指标。对于一个强调数量、质量和标准化产品的零配件制造商来说，采取低成本战略可能需要关注内部生产效率、质量提升、市场份额和发货量的指标。相比之下，一家采用产品创新战略的医疗用品公司可能强调新产品上市所需时间和收入百分比等指标。但是由于衡量通常是一个系统化的过程，而且会被委托给职能专家而非业务经理，因此企业很少检查这些衡量指标的相关性和可靠性。但随着时间的推移，战略可能会改变，从而关键绩效指标也会改变。

不同的战略需要采用不同的关键绩效指标和不同的诊断控制系统。在 20 世纪 80 年代末，IBM 从产品导向战略转向市场导向战略。在旧的战略下，IBM 将其营销技巧集中在专利技术上。技术专家为客户开发新产品；市场和销售部门将这些产品卖给客户。总部知道哪些产品最赚钱，哪些技术应该推广，以及不同生产设备的生产能力。因为单位数量和"移动箱子"是关键绩效指标，诊断式销售计划和定额系统为各个分店分派销售任务，并奖励那些完成以及超额完成分配的销售额的销售代表。这种方法很奏效，因为产品是标准化的，在推向市场时无须考虑客户不同的需求。客户依赖内部程序员和其他软件厂商为其安装 IBM 产品。

然而，到了 20 世纪 80 年代中期，客户开始要求 IBM 为其信息需求提供整套解决方案，IBM 被迫采用新的战略。市场导向的新战略将决策权下放给了与客户联系最紧密的销售人员。销售代表们不再由总部告知要卖什么产品，而是与客户一起定制产品以满足客户需求。在新战略下，关键绩效指标是收入增长、市场份额和满足客户需求的能力。销售计划和定额制度被抛弃，取而代之的是衡量客户收入和分公司利润的诊断控制系统（Simons and Weston，1990a）。

卡普兰和诺顿（Kaplan and Norton，1992）提出了一种能够系统分析与既定战略相关的关键绩效指标及衡量标准的方法。按照他们的分析，诊断控制系统的指标被分为四类：财务层面、客户层面、内部业务流程层面、学习与成长层面。这四个层面构成了卡普兰和诺顿所说的"平衡计分卡"。他们认为，有效的管理者可以同时利用这四种诊断式衡量指标促使企业实现既定目标。图4-5展示的就是卡普兰和诺顿使用的平衡计分卡。

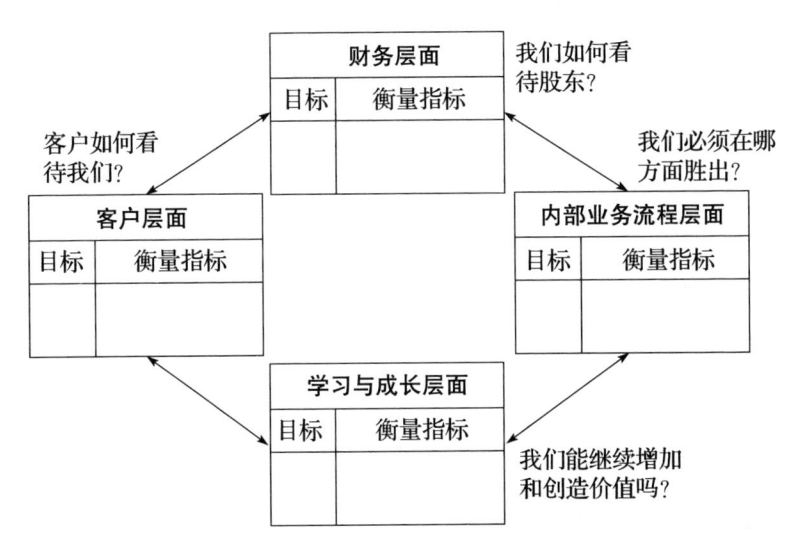

图4-5 平衡计分卡

资料来源：Robert S. Kaplan and David P. Norton, "The Balanced Scorecard——Measures That Drive Performance," *Harvard Business Review* (January-February 1992). Reprinted by permission.

平衡计分卡指标示例如下。

财务指标：

现金流；

销售增长；

营业收入；

股东回报率。

客户指标：

新产品销售百分比；

及时送货；

重要客户购买所占份额；

重要客户排名。

内部业务流程指标：

周转时间；

单位成本；

良品率；

引入新产品。

学习与成长指标：

开发一代新产品所需时间；

成熟产品的生命周期；

产品及时投放市场与竞争力的关系。

诊断控制系统旨在调整战略目标，这些目标被嵌入实现既定战略所需的规划和项目中。阿吉里斯和肖恩对这种单循环学习过程进行了描述：

> 组织在不断变化的环境中保持稳定的能力其实是一种学习能力……我们称之为单循环学习。依靠单一的反馈回路，将检测到的行为结果与组织战略和预期成果联系起来，并对这些战略和预期成果进行调整，以使组织绩效保持在组织标准所设定的范围内。而诸如产品质量、销售绩效或

工作绩效等组织标准本身保持不变。（Argyris and Schön，1978，18）

诊断控制系统可用于为各个管理者或部分业务部门设定标准，并对他们的工作绩效进行衡量。但是，为管理者设定目标和绩效评价会引发有关工作重心和动机的问题，而为业务部门设定目标和绩效评价则会引起资源配置问题。因此，关键绩效指标的确定需要仔细分析。为监控管理者而确定的关键绩效指标应该不同于为监控企业整体绩效而确定的关键绩效指标。

节约管理层的注意力

利用诊断控制系统来实现组织目标无须管理层时刻参与监管。因此，组织可以采用例外管理。尽管几乎所有关于管理控制系统的文章都提到诊断控制系统，但实际上管理者很少直接参与这些系统。回想一下之前列举的恒温器的例子，一旦设定了所需的温度水平，系统将自动调节，不再需要人去管它。对于大多数的组织活动，都允许只关注重大偏差，从而产生高管理回报率。管理者采用例外管理可以有效地分配注意力，从而更好地完成对生产过程、项目阶段性进展、个人目标以及规划和预算的监控。

从组织成员的角度来看，诊断控制系统允许员工最大限度地发挥自主权：个人对结果负责，但有选择如何实现这一结果的自由。他们可以利用自己的想象力和努力，根据需要调整输入和过程。相应地，管理者可以确信，员工正在朝着商定的目标努力，如收入目标、费用削减、项目阶段性进展、市场份额增加等，而自己无须时刻进行监管。基于目标设定、衡量标准和奖励的反馈系统确保员工沿着正确的方向工作，无须管理者时刻进行监督。

但是，为了做到这一点，管理者需要从以下三个方面关注诊断控制系统。

商议和制定目标

为了确保商业战略的实现，管理者必须亲自与下属协商绩效目标。管理者必须制定恰当的目标，并考虑困难程度。他们还必须建立与工作成绩相关的奖励和激励机制。管理者不能把定期制定目标的工作委托给别人，因为这些目标对战略的实现至关重要。然而，目标设定过程可以限制在管理层关注的短期阶段中。在乌马帕蒂调查的美国公司中，有93%的公司在每个年度（或更长的时期）中只制定一次预算目标（Umapathy，1987，84）。

接收最新和例外情况报告

管理者必须使用每月和每季度的最新和例外情况报告作为他们主要的诊断工具。管理者可能会浏览这些报告以确信未来不会有任何潜在的意外情况。可以安排简短的季度审查会议，对照预定目标检查进展。例如，在乌马帕蒂的调查中，有15%的公司按月制定预算，82%的公司按季度制定预算，67%的公司要求书面汇报偏差的原因（Umapathy，1987，84，89）。

跟进重大偏差

如果一个关键绩效指标偏离目标，管理者必须投入必要的注意力和资源予以纠正。诊断控制系统的目的是监督关键绩效指标的目标实现情况。如果一个关键绩效指标不失控，管理者一般很少需要对此予以关注。

设计诊断控制系统的考虑事项

有关管理控制文献有两个共识。第一，衡量是管理控制的关键。第二，组织成员对衡量的变量给予了过多的关注。这些观察结果对组织来说十分重要，组织内部的口号也反映了这一点，例如，"你衡量的就是你得到的""能衡量的就能管理""得到的是检查的结果，而不是期望的结果"。

要使用诊断控制系统对任一过程进行控制，必须能够做到：（1）制定预设标准或目标；（2）对产出进行衡量；（3）纠正相较于标准的偏差。① 要做到第一个条件意味着管理者要事先知道需要什么数量和类型的产出。如果控制过程中出现了太多意料之外的情况，那么诊断控制就很难实施。因此，在研究与开发实验室中，实施有效的诊断控制就极其困难。第二个条件是可衡量性，这表明诊断控制不适合监控诸如"成功"或"企业

---

① 以前有许多作者都提出过这些条件，比如 Lawler and Rhode（1976，42-43）；Otley and Berry（1980）；Merchant（1985，20）。

文化的变化"之类的模糊概念。虽然这些概念可能是关键绩效指标，但它们很难衡量。第三个条件即纠正偏差的能力，这表明诊断控制仅适用于组织成员能产生显著影响的过程。[①] 因此，对于大型国际公司区域销售经理来说，将每股收益作为诊断指标就没有什么意义。

我们现在将对诊断控制系统的这些特征进行更详细的讨论。

目标和激励

正式的目标或标准对实施诊断控制是必需的，它为完成关键绩效目标指明了工作重心，提供了激励。许多管理学者认为，激励是每个管理控制系统的核心功能（Anthony，1988，14；Lawler and Rhode，1976，6）。所以，明确诊断控制系统目标可以提高绩效（Kenis，1979）。

目标设定为确定问题提供了依据。负向偏差的出现会促使组织采取补救措施，并为如何分析问题产生的原因提供指导。目标设定还迫使管理者定期检查是否达到目标，从而确保寻找机会的行为符合更宏大的组织目标。此外，目标设定通过迫使组织成员考虑是否有足够的资源来实现特定的目标，以及这些目标是否有助于企业的总体战略，从而促进组织各级行动计划的协调。诊断性目标设定过程是实施既定战略的主要机制，它

---

① 从系统论的角度来看，如果通过调整系统的变量可以迫使系统在给定的时间段内从一种状态转变为另一种状态，那么系统可被称为是可控的（Amey，1979，153）。只要调整系统变量将系统从一种状态变为另一种状态（没有确切定义），这就是影响一个系统的能力。通常可以对商业组织的绩效指标加以影响而不是控制。

能够实现组织目标从上至下的贯彻,并调配执行策略所需的必要资源。

在设计和运用诊断控制时,一个比较棘手的问题是决定预设标准应有的困难程度。"越多越好"这种开放式目标通常是不可取的,因为研究表明,当设定的目标不明确时,就会降低员工的动力(Meyer, Kay, and French, 1965; Tosi, 1975)。因此,制定具体的目标需要判断对动力的影响。大量研究表明,当设定的目标难度适中时,组织成员实现目标的动力最强;如果目标定得太容易或太难,动力就会降低(Stedry and Kay, 1966; Hofstede, 1968, 154-55; Lawler, 1973, 134-135; Carroll and Tosi, 1973, 41; Hopwood, 1974, 61-62)。如果目标定得太容易,人们就不会竭尽全力。如果目标定得太难,人们就会放弃。这反映在图4-6的倒U型曲线中。

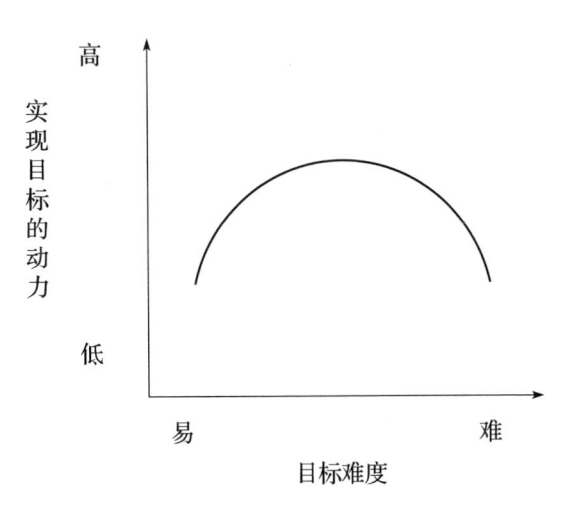

图4-6 目标难度和实现目标的动力

其他研究表明，在某些情况下，如果上级和下级共同设定目标，组织成员对目标的公平感和实现目标的动力会得到增强。下属的参与可以让目标更加合理并增强组织成员对目标合理性的感知。然而，这种关系并非如此简单。环境、结构和技术等组织变量同性格变量这种个人变量一样会影响共同目标的制定。① 由于这些关系的复杂性和相互依存性，我们很难对下属参与目标设定的价值做出正确的判断或预测。

由于诊断控制系统被用于达成组织中的多种目的，决定目标的困难程度变得复杂。同样的诊断控制系统，例如利润计划系统，可以用来提供动力、协调计划和资源、为纠正措施提供依据，以及作为绩效考核和奖励的基础。要实现这些目的中的每一个，都要有对应的不同难度的绩效标准。要为组织成员提供动力，则设定的目标需要有一定的难度，或是让目标变得"吃力一些"才能达到。要达到协调的目的，则制定的目标的难度需要与最可能实现的结果相匹配。要实现早期预警的目的，则需要将目标设定在可接受的下限以触发重要偏差的警报。要对个人或企业进行事后评估，则需要从绩效结果中消除不可控因素（Barrett and Fraser，1977）。

经济学家和会计学家有时会只把诊断控制系统视为上级和下属之间签订的绩效契约。这种假设忽略了诊断控制系统在资源分配、协调、预警和业务评估中的重要作用。例如，数学模

---

① 关于这方面的文献回顾，请参见 Brownell（1982）和 Brownell and McInnes（1986）。

型可能会建议不要制定明确的绩效目标,而应将奖励作为产出的线性函数,即采用"越多越好"的解决方案。

管理者如何针对不同的目的协调不同程度的困难?他们采取的方式是将预算松弛引入系统,然后根据每个特定目的对目标进行调整。这样做的副作用是,只要情况允许,向组织成员提出的诊断目标就总能实现。麦钱特在对12家美国公司向其利润中心管理者实施的激励措施的研究中发现:

> 这12家公司中绝大多数利润中心管理者都面临着同样的预算合同:他们被要求制定预算目标,并被告知,如果他们不能完成或者没有按期完成,他们将面临潜在的严重后果。大多数公司最重视实现年度预算目标,但也有一些公司非常重视实现季度目标和更短时期的目标。(Merchant,1989,29-30)

虽然实现诊断性目标的压力似乎很大,但麦钱特还指出:"尽管这项'要么制定预算,要么……'的合同带来了潜在的重大威胁,但制定的绩效标准几乎是最低的绩效标准,因此那些高效、勤奋的管理者即使遇到了一些困难,也能够实现目标。"(Merchant,1989,30)

44名利润中心管理者在回答关于实现预算目标可能性的问题时,89%的受访者认为在批准预算时,他们至少有75%的机会达到预算目标;55%的受访者认为自己有90%或更大的概率达到预算目标。事后数据证实了他们的评估:在前一年,74%

的管理者达到或超过了预算目标（Merchant，1989，31-33）。

麦钱特推测，管理者会选择高度可实现的目标来提高盈利预测的可预测性，改进资源规划，确保只有重大的负向偏差才成为上级关注的焦点，提供有竞争力的薪酬组合并允许在组织内进行试验（Merchant，1989，155-60）。阿吉里斯（Argyris，1990a）进一步指出，上级提供相对容易的预算目标，可以避免未来面临没达到绩效目标时的尴尬。

衡量、比较和纠正措施

诊断控制衡量指标将产出（数量或质量）与预定的衡量尺度进行比较。衡量指标可以基于标准尺度（有多少成品是蓝色或黑色的?）、顺序尺度（我们在客户满意度排名中是第三还是第四?）、区间尺度（我们本月与上一个月相比在多大程度上未达到目标?）和比率尺度（我们每个员工的平均销售额是多少?）。

诊断式衡量指标侧重对于目标的授权失误（错误）和不足（负向偏差）。这种对错误和负向偏差的关注代表了管理控制的"负"的一面。实际上，诊断控制系统是一种负反馈系统。诊断控制报告主要用来确保一切事情都在"正轨"上，不希望出现意外。正如安东尼所说："一个重要的控制原则是，正式的绩效报告应包含实现既定目标。"（Anthony，1988，95）换言之，员工应告知管理者是否需要注意使流程回到正轨；管理者不应该等待正式的报告出来后才采取行动。发现偏差后应尽快采取管理纠正措施。

在理想情况下，诊断控制指标应该是客观的、全面的且及时响应的（Lawler，1976；Lawler and Rhode，1976，42）。当一项指标独立且可核查时，它就是客观的；当一项指标包含了所有相关动作或行为时，它就是全面的；当一项指标反映了被衡量的个体的努力或行动时，它就是及时响应的。这些都是理想的情况，通常很难实现。图4-7总结了在设计有关为员工提供动力的指标时遇到的两难选择。

客观指标清楚地说明了组织需要什么样的结果。因为客观指标是从已知的规则推导出来的，所以组织成员对于期望的结果几乎没有歧义。例如，由独立调查机构收集的市场份额数据对期望的结果几乎没有什么含糊不清的地方。因此，从动机的角度来看，客观指标可以降低人们觉得不公平的风险。

尽管诊断指标应该是客观的，但也有主观的。主观指标依赖于上级的个人判断。而且只有在上级能够对下级的行为做出准确且知情的判断，以及上级和下级之间的信任度很高时，主观指标才会成为有效的激励因素。如果上级没有能力做出明智的判断，或者信任度低，主观指标就不会被视为有效的衡量标准，否则会引起员工的不满。

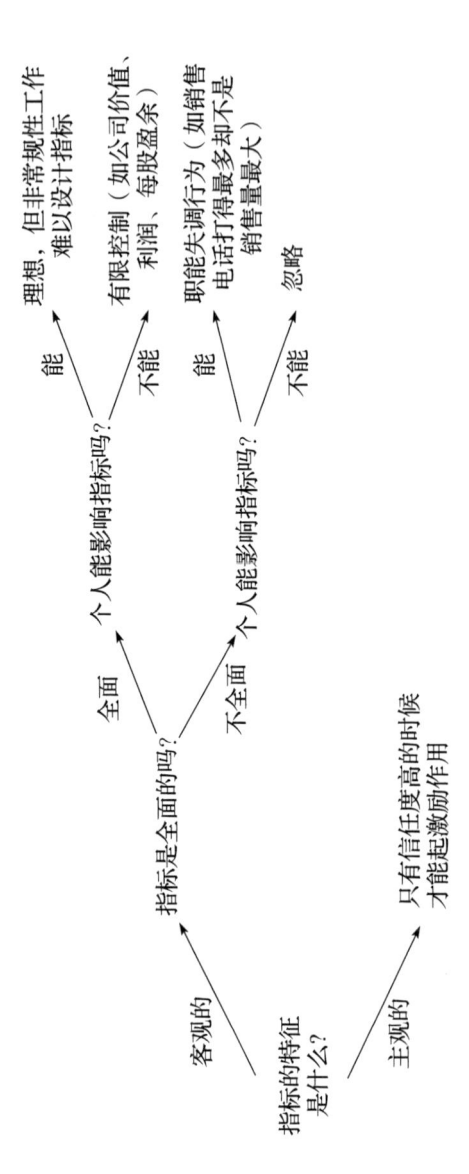

图 4-7 诊断控制系统指标的特征

诊断指标的全面程度，即捕获所有相关动作或行为的能力，也可能有所不同。不全面的指标会导致员工的不当行为。例如，为了提高销售人员的工作效率以增加市场份额，区域管理者可能会将销售人员每周的销售电话数量作为衡量指标。但是，每周的销售电话数量是一个不全面的衡量指标，因为它没有捕捉到销售更多产品所必需的所有行为。使用这一指标，销售人员可以尝试最大限度地增加每天的电话数量，而不考虑每个站点的销售潜力。销售人员会忽视那些难以通过电话访问的大客户，而倾向于联系那些容易进行电话访问的小客户。

但全面的指标也有其自身的问题。最全面的指标是经济利润或公司盈利。这一指标涵盖了有助于取得成功的所有行为。但不幸的是，它包含了太多行为。指标越全面，不反映个人努力或行动的可能性就越大。使用这一指标，营销经理可能会非常明确地感受到，做出色的工作不会对公司整体收益产生太大影响，因为他们所在地区的业务只占总业务的一小部分。换言之，这个指标没有反映出真正的贡献和努力。

在许多诊断控制系统中，包括收入、成本、现金流和利润在内的会计指标占主导地位，因为这些指标是客观、可靠且可验证的（Ijiri，1975，36）。当数量数据是生产或服务提供的关键指标时，指标往往侧重于物理单位（McKinnon and Bruns，1992，第1和第2章）。然而，会计指标往往不足以反映影响企业关键绩效指标的行为。当一个企业（例如一家制药公司）在产品上市前的几个会计期间进行连续投资时，会计指标就无法作为关键绩效指标。

因此，许多作者呼吁摒弃会计指标，转而采用质量或顾客满意度等指标进行衡量（Lorange and Morton, 1974；Eccles, 1991），这些建议的成功实施取决于管理者构建客观、全面和及时响应指标的能力。卡普兰和诺顿（Kaplan and Norton, 1992）等学者的工作正是朝着这个方向努力的。然而在组织的高层，由于高层管理者要对较低级别单位（工厂或部门）的业绩进行监控，并在资源分配方面做出权衡，因此那些以会计数据和盈利能力分析为基础的综合指标变得越来越重要。

客观、全面和及时响应的指标（如图 4-7 中上面那条路径所示）通常可以在任务复杂性低、决策任务最少和不可控事件最少的较低级别工作中实现。为工厂领班设计这些指标并不困难。然而，对于更高层次的管理工作来说，在客观性、全面性和响应性之间找到恰当的平衡点仍然是一个挑战。如果未能达成正确的平衡，可能会导致对重要过程的控制有限，出现被衡量的那些方面的失调行为，以及完全忽视测量。

诊断控制和正式激励

管理者、经济学家和管理学家都认识到激励在激发行为方面所起的作用。帮助人们从自己的努力中获得好处的激励措施能够激发个人的主动性，并激励他们积极寻找机会。诊断控制系统是这一过程的催化剂，因为正式激励与产出指标是关联在一起的。

诊断控制系统的激励往往基于明确的规则，这些规则具有客观性，规定了预期产出，并且很少需要管理者予以关注。客观性为努力提供动力和明确的方向。员工知道他们将因为什么得到奖励，以及它如何被衡量。对预期产出的规定为下属指明了应该多多关注哪些方面并寻找机会。最后，由于激励措施有明确的规则，管理层的注意力可以放在其他任务上。一旦制定好规则并达成一致，高层管理者就不需要考虑如何对每个员工的边际产出进行细分和奖励。因此，许多激励措施只是基于绩效产出百分比来进行奖励。通常，奖金激励都会与特定目标的实现挂钩，以增强短期激励、确保重要目标的实现。管理者经常会设定门槛，除非达到最低绩效水平，否则就会扣留激励奖金。

麦钱特在对12家公司的激励系统进行研究后发现，12家公司的诊断绩效指标都通过规则与激励性薪酬挂钩。此外，12家公司中有11家明确将激励措施与事前制定的诊断目标挂钩。相关绩效标准通常是作为年度预算流程的一部分制定的，包括各种会计指标（如收入、现金流、销售增长和资产回报率）以及一些非会计指标（如质量、发货量、过失行为和行业排名等）(Merchant，1989，35-38，55-58)。麦钱特也提到了诊断控制系统激励措施的潜在惩罚作用：

> 未能实现预算目标的管理者通常会失去许多奖励，这被看作组织的处罚。奖金和加薪是显而易见的奖励措施，如果没有达到预算目标，奖金和加薪就会减少。更为重要的是，管理者常常也会失去信任，这反过来损害了他们的

晋升机会,损害了他们向公司说明自己的想法和争取到公司资源的能力。他们也有可能失去一些自主权,因为最高管理层对那些没有完成预算目标的利润中心很可能采取更多的干预措施。(Merchant,1989,30)

薪酬激励不仅用于对工作成果进行奖励,而且用于指导符合组织战略的机会寻求行为。正如哈里森·怀特所总结的:

> 我认为,薪酬的传统激励作用(激励员工为股东利益行事)不如告知员工他们的责任以及其责任如何变化重要……对管理者来说,与绩效挂钩的薪酬可能主要是一种用来规定他们要做什么的工具。(White,1985,192)

不可否认的是,只要努力就会获得回报,这会对员工产生积极的激励作用。然而,衡量过程中的问题加之采取的激励措施,会使员工过度关注被衡量的那些方面,使得奖励动机和奖励效果之间的联系出现问题。

我们还没有解决,也许永远无法解决这一问题,即如何区分和衡量个体的边际贡献和企业的总体边际产出。当福特公司推出一款成功的新车时,高层管理者如何划分创造这款车型的设计团队、开发和应用新技术的工程团队、推出产品的营销团队以及监督整个工作的部门总经理等的相对贡献?又比如,我们如何衡量一个小提琴手对交响乐团成功演出的贡献?

当个人作为团队的一员努力实现共同的组织目标时,很难区分并衡量个人贡献。在简单的经济市场中,自主的、自利的个体按照公平交易的原则工作，可以依靠市场促进交易并有效地分配对积极行动和努力的回报。而在复杂的组织中，必须有共同的信念、集体行为规范和共同的目标来团结员工以推进工作，因此，衡量这样一个团队中个人所做的贡献就困难得多（Williamson，1975）。

此外，员工并不只是追求物质上的奖励。获得认可和获得荣誉等精神上的激励也同样重要。许多公司除了实质性的物质奖励，还利用精神奖励，如通过将公开表彰和少量的经济奖励结合起来，使得一套基于诊断控制系统衡量标准的精神上的正式激励措施非常奏效。例如，玫琳凯化妆品公司（Mary Kay Cosmetics）的管理者这样描述表彰对他们销售人员的激励作用：

> 正如玫琳凯自己所说："一条5美元的绶带加上价值20美元的表彰，其作用超过25美元的奖品。"换句话说，给他们一张支票，但要在颁奖台上给他们，这种做法会赢得很好的效果。我永远不会放弃表彰的方式，不然就好比是自寻死路。有些销售人员根本不需要物质激励，但很喜欢受到表彰。事实上，我们销售机构的高层管理者通过正式表彰激励他们的员工，而不是发给他们昂贵的奖品。（Simons and Weston，1990b）

最后，奖励的绝对价值并不是最重要的，更重要的是与同事相比是更多还是更少（Lawler，1972）。在考虑奖励的作用时不能把在同事中的排名的影响排除在外，因为获得奖励的人员会不由自主地去进行排名。

行为失调的副作用

衡量了错误的变量

俗话说,"你衡量的就是你得到的",它的结果是有两面性的。如果正确地制定了关键绩效变量和衡量指标,组织将朝着实现组织目标的方向大步前进。如果衡量指标和目标制定得不正确,组织可能会一蹶不振。

20世纪80年代末,邓白氏公司(Dun & Bradstreet)的信贷服务部门因向客户多收费被提起诉讼并接受调查。[1] 客户购买了日后需要提供服务的订单,但发现该公司卖给顾客的订单总是比实际使用的多。这些诉讼表明,公司故意扭曲或向客户隐瞒实际使用水平,客户只能依赖销售代表的建议来预付服务费。诊断控制目标是导致出现这一问题的原因之一。制定的诊断控制目标把重点放在增加订单销售额上。如果订单的数量比去年少,奖金就会减少,因此销售人员会努力提高销售额,而不管客户的实际使用需求如何。由于这一多收费事件,公司向客户和股东支付了3 800万美元的和解金(Roberts,1989)。

汽车修理企业也发生过类似的事情。例如,希尔斯公司(Sears)对管理者提出了维修配额,并规定了完成这些配额后所能得到的奖励。结果发生了员工对不需要维修的汽车进行了

---

[1] 参见"Dun & Bradstreet: Behind the Facade," 20/20, ABC News, May 12, 1989。

维修的情况（Yin，1992）。希尔斯公司支付了6 000万美元来解决相关诉讼。

设定目标时留有余地

诊断控制系统促使下属在预先设定的目标或标准中为自己留有一定余地。由于诊断控制系统关注的是低于预设绩效标准的结果，因此组织成员可能希望建立易于实现的标准。这样做会降低出现负向偏差的可能性，从而更有可能获得奖励，但这阻碍了绩效进一步提高（Argyris，1990a）。如果预算目标难以实现，组织成员可能会通过在绩效方面为自己留有余地来操纵标准的制定。

有时，在制定预算时留有余地甚至可能会危及组织的生存。通用汽车公司的管理者被要求对质量缺陷进行检测，满分为100分。当他们得知刚下流水线的汽车平均有40多个缺陷，得分低于60分时，他们感到十分吃惊。他们没有关注问题产生的原因，而是改变了衡量标准，以总分为145分进行缺陷评分；因此，平均有45个缺陷的汽车现在得到了100分的分数。生产只有15个质量缺陷的汽车的工厂得到了奖励，这样导致汽车质量继续下降，最终威胁到通用汽车公司与更高质量竞争对手的竞争能力（Keller，1989，29-30）。

在诊断控制系统上耍花招

诊断控制系统可能会诱使员工"哄骗"系统，以获得更多奖励。一家信用卡公司的管理者遵循高产量、低成本的战略，希望提高客户服务运营的效率。管理者以"每天接听电话的次数"更多和"每次通话的时间"更短作为奖励的衡量标准。当客户问一个需要时间回答或需要查找其他信息的难题时,一些员工就干脆将电话转接到另一个部门。为符合预期的通话时间更短的目标,谈话时间被尽力缩短,但这样做会使得客户感到失望和愤怒。①

根据 IBM 原有的战略,对市场和服务部门管理者予以衡量和决定是否给予奖励的标准是他们完成产品配额的能力。分部管理者所在地区的独立零售商每卖出一台设备,管理者就可以获得配额积分。即使销售代表没有参与这个过程,也有权获得此类销售的积分。因此,一些销售代表和管理者花时间在他们的管辖地区四处闲逛以寻找免费的积分,而不是创造新的业务(Simons and Weston,1990a)。

其他手段

篡改诊断控制系统目标和数据的方法,只要能想到就会出现。② 除了影响衡量指标,使组织目标无法进一步提高,可采用的手段还包括:

● 平滑法:改变数据的时间节点和流量,而不用改变被衡量的基本交易情况(例如调整会计应计部分)。

---

① 摘自甘迪(N. M. Gandy)1992 年为哈佛商学院 MBA 课程"战略管理系统"撰写的论文。
② 请参见 Ridgway(1956);Merchant(1985,第 7 章);Argyris(1990a);Merchant(1990);Bruns and Merchant(1990)。

- 侧重法：只提交有利于自己的数据（例如只提交已实现的目标）。
- 违法行为：违反组织规章制度甚至法律（Birnberg, Turopolec, and Young, 1983）。

在乌马帕蒂对400多家美国公司预算实践的研究中，他发现预算博弈和操纵非常普遍：

> 推迟所需支出（这是一种预算花招）是使用频率最高的方法……其他比较流行的花招还有先开销后审批、在账户之间转移资金以避免预算超支、雇用合同工以避免超过员工人数限制。几乎所有的受访者都表示他们至少使用过一种预算花招。管理者要么不接受预算目标并选择打破体制，要么就会被迫不惜一切代价实现预算目标。（Umapathy, 1987, 90）

布朗的投资回报率最初是作为一种资源配置工具设计的。当它后来被用于评估单个管理者的业绩时，就出现了各种为了最大化投资回报率的操纵行为，这些行为包括减少资产投资以最小化投资回报率的分母，以及改变会计惯例来最大化投资回报率的分子（Dearden, 1969）。

使用诊断控制系统来衡量个人的绩效和评定奖励等级可以带来创新。然而，有些机会主义行为并不是在设计标准和激励方案时就能考虑到的，事实上，这些机会主义行为可能损害公司的利益。切尔诺贝利核事故的前因就是控制系统信息的失真：

> 操作人员和当地工程师向上级隐瞒了小事故，一般情况下这些小事故不会被记录在操作日志中。核电站管理人员掩盖了更严重的事故和停工情况，因为他们的奖金和奖励与良好的记录挂钩。部长级和原子能机构也希冀掩盖建造和设计上的缺陷，因为这些官僚机构寻求维持核工业的良好形象。（Holloway，1990，5）

正如一位在通用电气公司负责一项竞争激烈的业务的管理者所说："压力激发潜力。给某人一个预算，有98%的人能按时完成。人们有一种自然的倾向，那就是迫切地实现目标，这是很正常的。但是，如果你不告诉他们务必使用正当手段，他们会认为不遵守规则是无可厚非的。我们必须始终同时告诉他们：我们需要更好的绩效，但也要使用正当手段。"（Simons，1989）

内部控制

只有报告的数据准确、完整，诊断控制系统才能有效运行。如果异常情况为不准确的数据收集和报告程序所掩盖，那么例外管理就无法发挥作用。内部控制旨在保护资产不被挪用和确保会计记录可靠，这对确保诊断控制系统的完整性至关重要。内部控制就是按步骤进行详细的程序性检查和对比，包括以下内容。

组织架构保障：

积极的董事会审计委员会；

独立的内部审计功能；

职责划分；

划分权力级别；

严格把关贵重资产的使用。

人员保障：

确保所有会计、控制和内部审计人员储备了足够的专业知识，并提供专业知识培训；

充足的资源；

关键岗位轮换制度。

系统保障：

完整准确的记录；

充分的文件和审计跟踪；

相关及时的管理报告；

严格管控对信息系统和数据库的访问。

内部控制不同于边界控制系统，后者规定了要避免的风险，而前者规定了信息处理、交易处理和记录保存的详细程序和保障措施。职能部门建立和维持内部控制系统，然后由内部和外部审计人员定期进行评估。内部控制对于确保管理者用于实施战略的其他系统的完整性至关重要（见图 4-8）。《华尔街日报》头版的右边栏常常报道一些内部控制不当导致生意失败的管理者。

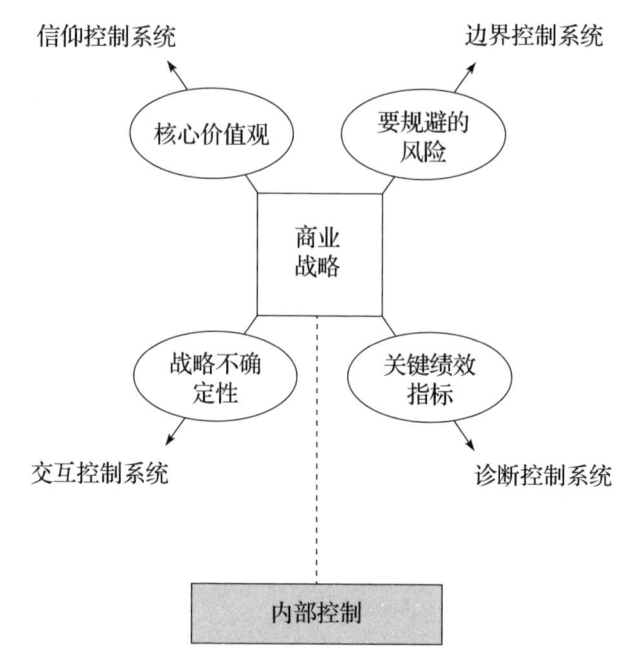

图 4-8 内部控制：有效控制的基础

职能部门的作用

只有当职能部门对其投入了大量的注意力，诊断控制系统才可以节省管理者的注意力。高层管理者授权职能部门负责维护和操作诊断控制系统。会计师、销售计划员、工程师和质量控制专家是诊断控制系统的关键职能人员和把关人。职能部门不仅维护和操作诊断控制系统，还监测业务管理者提供的数据的准确性。当诊断控制系统在监测企业的运转情况方面发挥重要作用，而且企业的管理者正在向系统提供数据时，集中的职能部门就应该对系统及其信息的完整性进行审计。

在诊断控制过程中更多地依赖职能部门对组织有四个好处：

1. 注意力：职能部门减轻了企业管理者的监督负担，从而节省了管理者稀缺的注意力。
2. 效率：员工的专业水平可以提高诊断控制过程的效率。这通常表现为总部工作人员职能的集中化。
3. 有效性：利用经过专业培训的专家可以确保应用最新的信息和控制技术，从而使得诊断控制过程发挥最大作用（请参见附录B中关于使用信息技术的好处的讨论）。
4. 完整性：独立的职能专家可以提供必要的保障和监督，以确保数据的真实性。

然而，下放给控制专家的权力可能会导致组织内部产生不满情绪，因为职能部门会强调并揭露需要被纠正的负向偏差。通过这种方式，职能专家向高层管理者表明，他们正在为组织增加价值，但总是会存在职能部门过分热衷于寻找错误和不足的风险。出于他们的职责，职能专家可能倾向于过分强调管理错误和失败。

如果不加以控制，寻找负向偏差的趋势可能会造成一种思维定式，即管理者必须出错，这样职能部门才能显示出自己的价值。阿吉里斯在对预算主管和工厂主管的一项研究中指出了这一趋势：

> 因此，预算人员认为他们的任务是不断检查、不断分

析、不断寻找新的方法来提高工厂的效率。这样一项任务至关重要。它似乎总是在强调"永远不能完全满意"。一位预算工作人员这样描述:"我们的工作很艰难。预算的作用至关重要。预算人员永远不能满足于现状。他们应该总是努力找到新的更好的做事方式。"

因此,重点永远是寻找不足,寻找弱点,总的来说就是寻找错误的一面,而不是正确的一面。(Argyris,1952,6)

经过几十年的跟踪研究,阿吉里斯证实了他最初的判断:

(据管理会计教材的作者所说)预算改变了人们的行为,迫使管理者向前看,迫使管理者思考,消除无意识的偏见,找出弱点。严格地说,预算不能解决这些问题,实施解决方案的应该是个人。如果作者的意思是会计应该使用预算来强迫管理者,那么他们建议的实施战略可能会适得其反。这种单方面和强制性的行动会促使个人和组织采取过度保护和对抗学习的防御路线。(Argyris,1990 a,509)

如果诊断控制系统想要有效地发挥作用,管理者必须意识到这些趋势,并努力抑制它们。

作为诊断控制系统的资本预算系统

第 3 章研究了资本预算系统如何创造边界以约束当前的战略选择。资本预算系统在监控收购提议,以确保符合预期战略方面也发挥着重要的诊断作用。如图 4-9 所示,正式的资产收购提议列出了购买生产性资产的机会。它为净现值、现金流、资金回收和投资回报率等变量制定了绩效衡量指标。在进行投资之前，可将计划书中规定的预定经济标准和目标，与衡量指标进行对比测试。根据比较结果，可以调整提议和交易的基本内容，以使投入的资源发挥最大的效用。

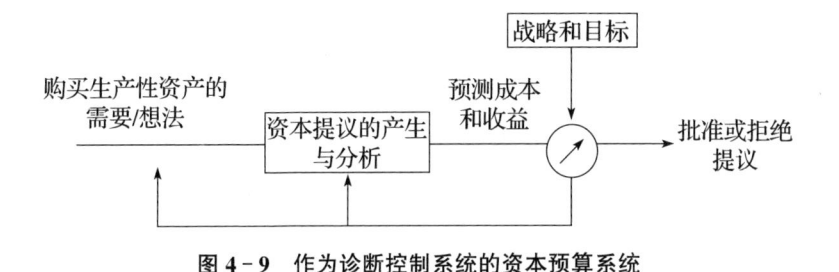

图 4-9　作为诊断控制系统的资本预算系统

许多人建议增加第二个诊断阶段，通常称之为"事后审计"，以提高资本预算系统的诊断能力。这一想法如图 4-10 所示。如果流程的第一阶段为继续进行资产购置开了绿灯，那么"事后审计"阶段根据第一阶段做出的预测来衡量资产购置实现的成本和收益。当然，事后审计只有在资产已经投入生产时才能完成，只有在成本和利润变得可预测时才能计算已实现的经济和战略收益。

然而，很难将事后审计作为重要、长期资产的诊断工具，原因有三。第一，随着时间的推移，原提议中的预计成本和收益将不再合理，导致原始成本/收益预测的假设变得不准确。这种不准确性使得时间跨度为几年或几十年的投资很难再去使用那些数据。

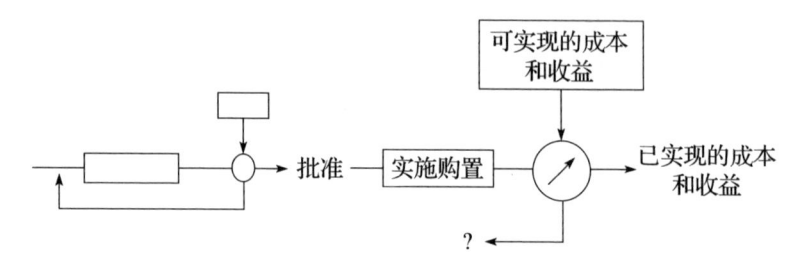

图 4-10 将事后审计加入资本预算系统

第二，就可以得到的偏差数据的准确度而言，无法确定应该用这些信息做什么。因为组织早已基于当时不确定的信息做出了投资承诺。资源调配人员有时会陷入试图利用在事后掌握的有关所有无法预测的事件的情况来评估决策的陷阱。例如，在 20 世纪 80 年代，资源调配机构批评资源管理者在过去 10 年中建造大型发电设施，造成产能过剩。但他们忘记了过去 10 年中发生的能源危机和由此产生的能源需求，建造大型发电设施在 10 年前是一个投资的好机会。

第三，在充满变化和不确定的市场中，从管理者在工作中达成的共识来看，管理者既没有机会调整决策本身，也没有机会学习如何更准确地预测未来。基于这些原因，管理者不能将奖励和激励与诊断性资产预算衡量指标挂钩。但是，如果不使用正式的激励措施，诊断模型很可能不会引起管理者的注意。

小结

如果没有诊断控制系统，企业和政府组织就无法运作。今天的许多财务指标（投资回报率、资本预算程序、内部利润目标）都是杜邦公司在20世纪初发明和推广的，并在20世纪20年代由通用汽车把它们联系在一起。如今，诊断控制系统无处不在。这些系统通过确保战略能从上到下贯彻落实并使资源与行动计划相协调，提供促成组织目标的动力，提供衡量企业和管理者的标准，以及为纠正措施提供根据，从而实现对财务和非财务方面的关键绩效变量目标的监控。因为诊断控制系统是战略实施的工具，所以在设计这些系统时需要仔细分析和理解关键绩效指标。

为了得到预期的结果和减少功能失调的影响，衡量指标应该是客观的、全面的和及时响应的，但是对于诊断控制系统来说，这几点很难做到。衡量指标和目标设定是诊断控制系统的关键设计参数，每个参数都有自己的设计问题需要考虑。这些问题之所以被放大，是因为诊断控制系统有可能以不恰当的方式寻找机会，而且诊断控制系统将业绩与外在奖励结合起来，进一步放大了这些问题的影响力。

职能专家是诊断控制系统的把关人。高层管理者只定期参与诊断控制系统的工作。最重要的是，诊断控制系统确保本组织的正常运作，确保在没有持续监控和监督的情况下实现既定目标和战略。通过例外管理，这些系统在最大化管理回报率的过程中发挥了关键作用。

| 第 5 章 |

交互控制系统：适应竞争环境

　　管理控制的实质是把握好创新与实现预定目标之间的平衡。高效的管理者会关注那些颠覆性的变化，它们预示着需要对组织结构、能力和产品技术进行创新。有学者认为管理控制系统起着过滤信息的作用，它使组织的信息同质化，从而消除了预示着颠覆性变化的信号（Hedberg and Jönsson，1978）。根据这一观点，管理控制系统会限制组织的探索和试验，极大地阻碍了机会的寻找和创新的尝试。

　　尽管诊断控制系统的确对机会的寻找和创新的尝试加以限制，以确保实现既定战略的预定目标，但其他管理控制系统发挥的作用则与之相反。其他的控制系统鼓励探索和进取，允许组织成员积极应对新的机会和威胁，从而涌现出新的战略。

　　学者们对管理类学科的各种研究都得出了一个类似的结论：竞争压力是创新和适应能力的催化剂。波特对 10 个国家的主要行业进行了研究，发现遭受国内激烈竞争压力的行业比那些免受市场竞争压力的行业创新能力更强，适应能力更快（Porter，1990，86）。20 世纪初，钱德勒在对大型公司的管理创新能力进行研究后得出结论：竞争压力促使公司创造性地调整它们的内部结构，以进一步适应不断变化的市场（Chandler，1962，303-309）。正如一家极具创新能力的成功企业的首席执行官所说："没有压力就没有创新。"（Taylor，1990，98）

管理控制系统在为组织内部创造竞争压力方面起着关键作用，这些压力会激发组织的创造性和适应性。而要成功地适应竞争性市场，组织需要打破对探索的限制（Cyert and March，1963，123-125），并且必须在组织上下鼓励新的观念和对创新的尝试。控制系统要在这一过程中起促进作用，必须具有特殊的属性。

在第4章中，我把诊断控制系统和恒温器进行了类比：比如设置温度和系统自动调节。这种类型的自动反馈系统在面对竞争动态的重大变化时就不起作用了。为了不在快速变化的市场中不知所措，诊断控制例行程序和步骤不应限制对相关信息的探求。相反，高层管理者更需要一个类似于国家气象局使用的衡量系统。全国各地的地面站对温度、气压、相对湿度、云量、风向和风速以及降水量等进行检测。气球和卫星提供了额外的数据。各地面站不断获得这些监测数据并将其反馈给气象中心，气象中心利用这些数据发现气象的变化。根据这些情报数据，气象中心就可以对未来天气情况进行预报，或根据情况的变化重新修改天气预报。

要在商业组织中启动一个类似的流程，高层管理者必须鼓励成员不断地进行探索，并在组织内部创建信息网络，以查看和报告重大变化。员工必须与他人共享信息：

> 一个人能有效利用的信息是有限的,所能阅读的书籍、文章和其他资料也是有限的。由于任何人能处理的信息都是有限的,信息网络就成为一个很重要的筛选设备。那些负责处理信息的人可以让你对某些重要的信息予以关注,从而让你及时了解发展的机遇,注意即将发生的灾难。这些二手信息往往是模糊的或不准确的,但它们也预示着一些需要更仔细研究的问题。(Burt,1992,62)

高层管理者如何激励组织成员进行信息探测,持续检测环境变量,与其他人分享信息并进行比较和判断?考虑到巨大的机会空间和组织成员的不同经验背景,高层管理者如何就应在何处寻找突发变化与成员进行沟通?在注意力有限的情况下,高层管理者又如何确保预留足够的信息处理能力,以广泛传达潜在的重要信息?我们将在本章中探讨高层管理者如何利用交互控制系统来建立内部压力,以打破对探索性活动的限制,刺激成员对机会的寻找,鼓励新战略行动方案的诞生。作为第四种控制杠杆,交互控制系统聚焦战略不确定性并促进战略更新(见图5-1)。

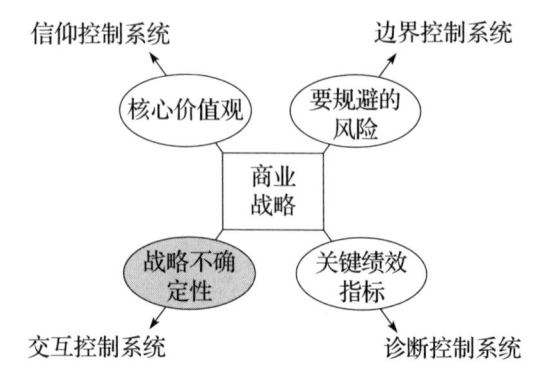

图5-1 第四种控制杠杆

战略不确定性

如果一个企业要抓住新出现的机会，即进行创新和改变，管理者不仅要问自己"本企业要想实现既定战略必须做好哪些重要的事情"，还要思考"哪些假定情况或外部突发事件会阻碍未来愿景的实现"。

战略不确定性是指可能威胁或使企业当前战略失效的不确定性和偶然性。一般来说，不确定性源于完成任务所需的信息和组织获取的信息量的差异（Galbraith，1977，36）。战略不确定性源于高层管理者能否洞察一些已知和未知突发事件，这些突发事件可能会使当前战略所基于的某些假定情况受到质疑或不再成立。

百事是一家典型的消费品公司，通过销售成熟产品，打造成功品牌来进行竞争。公司的管理者擅长利用强大的品牌特许经营权，而且似乎能无限延长产品生命周期。企业的战略不确定性因素与消费者口味的变化有关，消费者口味的变化可能会削弱其产品的吸引力。对百事来说，不确定性因素包括消费者对可口可乐产品定价、促销和包装举措的反应，对甜味汽水偏好的变化，转而购买果汁的替代倾向，认识到人工甜味剂带来的健康风险，等等。这些消费者方面的重大变化会侵蚀品牌的价值。市场份额指标是对客户购买习惯的实时衡量，可以反映出值得关注的变化趋势。正如一家消费品公司的经理所说："我每周、每月、每季度都要检查我们品牌产品的销量和销售额。我主要关注是否有下降趋势，同时也会关注是否有销量特别好的情况。某个品牌的产品销量开始攀升，就会引起我的注意。我们做了什么引发了这种情况？我们是不是采用了新的包装，给了消费者一种新感觉？"（Simons，1991，55）。战略不确定性处于不断变化的状态，因此，不能对其做出规划或通过例外管理来进行监控。

与关键绩效指标一样，每个企业都有自己的战略不确定性，它们需要根据企业当前的商业战略和高层管理者的战略愿景来确定。反映在企业的规划文件和目标中的产品/市场战略通常只涵盖1~3年，但企业在未来5~10年的发展的设想也是商业战略的一个重要组成部分。

例如，医药用品行业的一家企业靠生产低成本静脉药物注射用品参与市场竞争。该企业制造和销售大量标准化、一次性的产品，如注射器、医用棉签、输液管和血浆袋等。该企业采用的这种低成本、大批量战略的关键绩效指标与产品质量以及生产、配送效率有关。企业利用诊断控制系统对这些关键绩效指标进行密切监控。管理者每周利用20分钟的短会，研究十几个关键绩效指标的统计数据中的重点部分。管理人员对这些绩效因素的理解非常透彻，所以在开会时，往往侧重于对那些使得所有变量保持在预期的绩效范围内的措施，进行快速的检查。

高层管理者并不认为这些是战略不确定性因素。相反，他们认为的战略不确定性因素是那些可能会使企业提供的产品不再那么受市场欢迎的,与医药行业技术的根本性变化有关的因素。如果技术进步使得药物的使用可以转而采用口服、在皮肤上贴药或其他意想不到的办法时怎么办?如果药品技术发生根本性变化该怎么办?本企业能否适应这些变化?在发生这些变化时本企业是充当领导者还是追随者?这样的问题常使高层管理者夜不能寐。

表5-1总结了战略不确定性和关键绩效指标之间的区别。

表5-1 关键绩效指标和战略不确定性之间的区别

	关键绩效指标	战略不确定性
反复出现的问题	必须做好什么才能实现我们的既定战略?	什么假设或突发事件会使我们对未来的规划无法实现?
关注点	实施既定战略	涌现战略的形成
驱动因素	专业人员的分析	高管的见解
寻求的目标	正确的答案	正确的问题

交互控制系统

交互控制系统是管理者用以定期参与下属决策活动的正式信息系统。管理者根据他们觉察到的独特的战略不确定性因素,利用这一系统来启动对机会的探求。一些管理者把这一系统称为"个人热键"。交互控制系统使管理者得以集中精力并在组织上下强制展开对话。它为讨论提供框架或议程,鼓励大家收集常规渠道以外的信息。

约翰·斯卡利描述了他在百事任职期间使用这种系统的情况:

> 百事的高层管理者会在钱包里放上一些小图表,上面有尼尔森(Nielsen)出具的最新关键数据。这些数据已成为我生活中非常重要的一部分,我可以随时说出某个市场上某个产品的情况。我们会仔细研究这些数据,利用它们来查找可口可乐公司的弱点,以及可以针对哪些短板成功发起攻击,或者分析为什么百事在竞争中下滑了一个百分点……通过尼尔森的数据,我们为百事的每个人制定了基本的竞争规则。这些基本规则指导我们所有的行动,是我们参与可乐大战的秘籍部分……企业并不总是用这种方式。管理者制定了其使用规则。(Sculley,1987,2,6-7)

交互控制系统不是一种独特的控制系统:高层管理者可以交互使用多种类型的控制系统。在前面描述的医药用品公司中,管理者使用交互控制系统聚焦于新技术以及如何将这些技术应用到他们的业务中。高层管理者和整个组织的员工每个月都要开一天会,深入分析竞争对手的产品、相关行业的新兴技术以及技术整合对他们的产品流水线会有什么影响。高层管理人员通过不断亲自参与确立新项目和制定阶段性目标,每月审查进度和行动计划,以及定期跟踪新的市场情报,使控制系统具有交互性。这些会议信息促成新的方案,并促使企业对现有生产线进行长期审查。正如其中一位管理者所说:"我的一项关键工作就是确定哪个项目是重要项目,然后重点抓这个项目,而把其他事情暂时放在一边。我确实在努力做这个项目,每个人都明白这一点。人们因认为我是世界上最糟糕的计划制订者而感到沮丧,但是他们没有意识到真正的计划正是在这些项目的实施过程中制订出来的。"(Simons,1991,54)

所有的交互控制系统都有四个显著的特点:

1. 该系统产生的信息是一项重要的、会反复出现的待办事项,由最高层管理者进行处理。

2. 交互控制系统要求组织内各级业务经理经常地、定期地予以关注。

3. 上级、下级和同事之间对该系统产生的数据进行解读和讨论。

4. 该系统促使组织不断对重点数据、假设和行动计划进行质疑和讨论。①

高层管理者选定的特定交互控制系统会将整个组织的注意力高度集中在高层管理者所关注的领域。斯卡利在描述百事使用的交互控制系统如何影响管理行为时说道:

> 无论何时何地,只要尼尔森数据更新,我就想第一个知道。我不介意出现任何问题,但我讨厌出现意料之外的事情。我最不希望看到的就是肯德尔(Kendall)(百事当

---

① 对于这些观点,重要的是要理解,他们分析的是"系统",而不是组织参与者之间的互动程度。在较低的组织层次,类似的交互过程也可能发生,但这些交互不是分析的重点。根据定义,"交互控制系统"仅限于由最高管理层处理的重要和经常性议程的系统。

时的首席执行官）打电话让我解释某项数据表现不佳的原因，而我还没有亲自看到这个数据。我会把详细情况写在信封背面或其他方便找到的东西上。一个小时内，在百事就有六七十人也拿到结果，并开始着手研究。（Sculley，1987，6）

正如劳勒和罗德所指出的，组织成员可以选择他们关注的对象："对什么东西予以关注由两点共同决定：一是引起他们注意的激励措施；二是他们了解到哪些信息对自身有重要影响，而哪些信息没有。"（Lawler and Rhode，1976，26-27）每个人手里都有同样的数据，下属很快就会知道交互控制系统产生的信息对个人有着重要的影响。在面对面会议中，高层管理者要求下属对其业务中某项未预见的变化做出解释，或对提出的行动计划以及他们当初分析时所做的假设进行解释。在为这些会议做准备的过程中，组织成员学会召集自己的同事和下属来帮助解释数据反映出的正在发生的变化。通过这种方式，组织成员建立起了自己的信息系统，利用该信息系统可以了解正在发生的一些变化，从而得以以新的行动计划来应对这些变化。例如，在一家大公司，高层管理者使用了一种高度交互的目标设定系统。这位管理者总是带着一个棕色的皮革活页夹，活页夹中分门别类地整理好了相关项目资料。他利用活页夹中的资料管理定期会议的议程，讨论不断变化的市场状况，并审查与新产品推出时机、广告活动和定价决策有关的拟议行动计划。活页夹对他来说非常重要，当参加完公司的年度报告后拍照时，活页夹就放在他手边显眼的地方。为了能够对他的问题和挑战做出回应，下属也创建了自己的"棕色活页夹"，并在处理日常任务时随身携带。

交互控制系统对自下而上的涌现战略起指导作用。在涌现模型中，组织成员会按照他们自己的行动计划主动地抓住意料之外的机会，解决面临的问题。其中一些行动在战术上很重要。成功的试验将被重复和扩大。随着时间的推移，组织将调整战略，以使那些新想法的试验结果得到利用。例如，斯卡利在解释百事一项地方性试验最终发展为新战略时说道：

> 我们努力争取到了7%的市场份额，而可口可乐公司的市场份额达到37%。这是一场几乎无法打赢的硬仗。由于陷入彻底的绝望，拉里·史密斯（Larry Smith）极力主张在广告方面摒弃百事的传统做法，加大宣传力度。而百事广告部门经理（以及我们的广告公司）拒绝了这一提议，因为不想放弃曾经非常成功的"百事新一代"运动。但史密斯并未退缩，他雇用了他自己设在得克萨斯州的广告公司，并派他的市场营销部副部长前去帮助公司整合，采用的广告方式与我们或其他公司曾经采用过的方式完全不同。其结果是，这是当年让人印象最为深刻的广告之一，也是首次设计出的促销广告。这家得克萨斯州广告公司把这个广告称为"百事大挑战"。（Sculley，1987，43-44）

这项地方性试验并未得到高层管理者的批准，在对其进行检验并推向新的市场后，一个新的战略随之诞生了：

我们把每一项挑战都视为一项重大事件，都看作我们与可口可乐长期斗争中的一场战役。在一项挑战开始前的几周，我们会对自己的产品进行质量测试。如果达不到标准，我们会对它的口味做出改进，这样，我们与可口可乐竞争中的一个子目标就是提高我们产品的整体质量。(Sculley，1987，49)

图 5-2 说明了地方性行动如何积蓄力量，并通过进一步学习最终形成新的战略。以行动为导向的试验和测试，可能会催生高管最初没有考虑过的战略。例如，一家跨国银行的高层管理者在对业务进行交互检查时了解到，一些分行的管理者通过向富人及其企业提供特殊服务和产品，已经创建了超高回报的分支业务。针对该分支业务的调查，揭示了这类业务的广泛性和较强的盈利能力。随着时间的推移，高层管理者意识到了这一特殊业务的潜力，因此该银行放弃了原来的提供全面国际服务的战略，转而采用了一种主要针对富裕客户及其企业提供服务的市场细分战略。

尽管图 5-2 显示了一个通过试验来学习的带有偶然性的过程，但这个过程也不必是随机的和不能控制的。通过将注意力集中在战略不确定性上，交互控制系统可以引导和塑造这个自下而上的过程。

在任何行业或企业里，都可以发现高层管理者使用交互控制系统作为新战略的催化剂。当初斯卡利将尼尔森评级作为创新的催化剂，但在《今日美国》(USA Today)，高管们使用的

战略

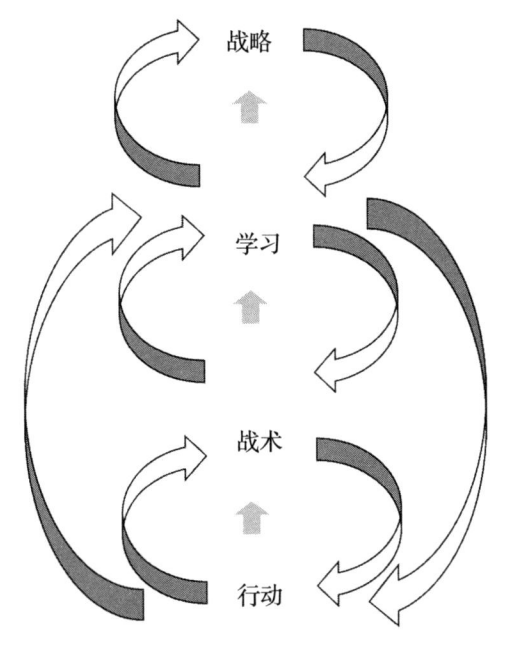

学习

战术

行动

图 5-2　涌现战略过程

是每周五发布的简单报告中包含的信息：

> 每周五下午，我都会收到三份管理报告并认真研读。这三份管理报告让我了解了我们在上周的表现，以及接下来几周我们所处的状况。星期五的管理报告中的信息包括从年初至今的数据，以及涉及特定账目的每日信息。因此，我不仅可以了解总体情况，还能掌握足够的细节，以发现具体的漏洞和问题的根源所在……我把这些信息放在底层的抽屉里，以随时使用。逐行查看这些信息是非常重要的，要重点注意陡然增加和陡然减少这两种情况。这些报告使问题

和机会很快浮出水面。(Simons and Weston，1990e，4)

在大众新闻市场的竞争中，《今日美国》的高层管理者采取的战略是向广告客户提供一个综合营销工具，将全国范围的广告与区域定制的广告相结合。战略不确定性因素主要围绕一些变化，特别是客户业务战略的变化和主要行业繁荣情况或结构的变化，这些变化可能影响广告客户对《今日美国》等广告工具的兴趣。高层管理者每周与主要成员进行面对面会议，对周五的管理报告数据进行分析和解读，包括把广告业务量与原计划进行对比，确定以后应完成的广告业务量，以及按客户类别发展的新业务。通过这些会议，重大创新方案被提出来，以解决意料之外的下降趋势，或抓住意料之外的机遇。有些创新催生了新的市场战略，如为生产汽车的客户推出新的市场调查服务、销售特约插播时段和利用流动销售人员在各个地区推销广告位等。

美国最大的建筑公司特纳建筑公司（Turner Construction Company）也采用了交互控制系统。该公司的战略是与一些大客户及建筑师建立长期联系，从而使业务得以反复开展。它成功的关键是对建立起的联系进行调整，以满足各个客户的需要。特纳建筑公司并不奉行低成本竞争战略。相反，它利用在质量和高效管理方面的声誉来确保业务的开展。战略不确定性因素包括客户心理的变化、公司声誉的丧失、项目财务管理中的风险性与稳健性的平衡，以及员工的结构和素质。交互项目管理系统要求负责该项目的全体人员每六周开一次面对面检查会。

通过这些会议，他们提出新的想法，并修订针对各个客户的战略。一位副总裁说道：

> 有些人可能认为我们花了太多的时间来处理项目管理系统中的偶发事件，但我却不这么认为。我们在这上面花时间，能促使我们的管理者不断修改针对每项任务所涉及的客户而采取的战略。我们总在不断地思考："我们是否做了适当的评估？我们提供的产品是最好的吗？产品质量是最高的吗？"（Simons and Weston，1990d，12）

其他企业使用不同的交互控制系统。杠杆收购公司交互使用一种交易活动报告系统，负责人和交易员每周开一次会，对一些分类数据，比如"长期交易""潜在的交易""正在进行的交易"等数据进行分析，以对之前所做的一些假设和行动计划的合理性进行检查和讨论。通过激烈的讨论，新的战略产生出来。[①]

ITT的传奇人物哈罗德·杰宁描述了在参加与战略不确定性相关的绩效数据和展望的讨论会时的兴奋心情：

> 我们相互学习和互相帮助，使问题得到及时和直接的处理；会议的氛围充满活力，参加会议的人热情洋溢，感到特别振奋。每个人不只提出了新的思想，还就新的产品、新的行动和新的工作方法发表观点。（Geneen，1984，106）

[①] 摘自罗伯特·罗森菲尔德（Robert Rosenfeld）1989年为哈佛商学院MBA课程"战略管理系统"撰写的论文。

绩效压力会激励创新和新战略的产生。组织上下对交互控制系统所包含的信息予以重点关注的过程，就是一个学习过程。

图5-3展示了交互控制系统如何将高层管理者的设想转化为新战略。左上角是商业战略，即商定的竞争规划。高层管理者对未来的战略构想指导着企业当前采用的商业规划。由于竞争市场的不确定性和动态性，大多数管理者都承认，他们没有充分了解，为使公司由现在的地位转变到理想的竞争地位所应该做的一些具体变革。

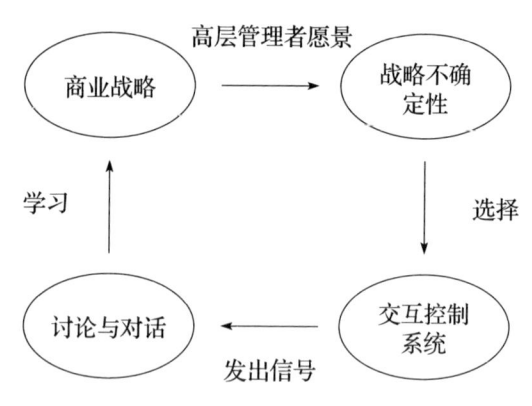

图5-3 用交互控制系统将高层管理者的愿景转化为新战略

通过交互使用控制系统，高层管理者可以发出鼓励探索的信号，批准重要决策，并在整个组织内开展监控。所有下属管理者将在其职位要求的范围内参与对话。因此，系统可能在组织的3~4个层次上保持交互作用，直到下属级别太低而不能直接参与系统为止（如图5-4所示）。

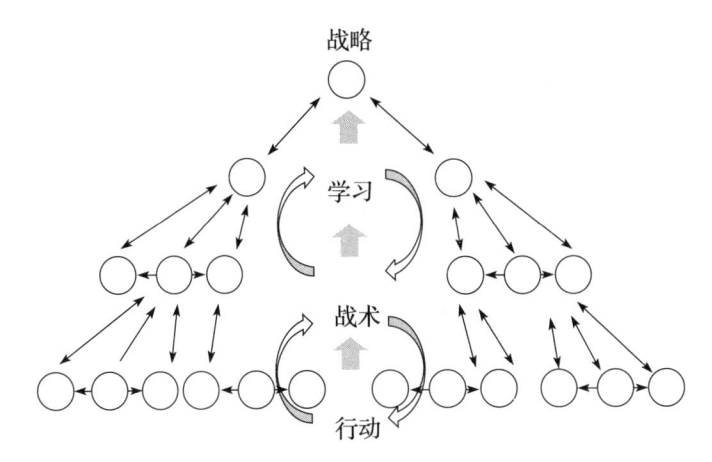

图 5-4 交互控制系统刺激信息共享和新战略产生

通过围绕互动过程的对话、讨论和学习，新的战略应运而生。对交互控制系统的关注源于高层管理者的精力和个人兴趣，他们使用交互控制系统来实现管理回报率。所有其他控制系统都可以作为诊断控制系统。因此，如果组织有 n 个控制系统，包括规划系统、成本核算系统、人力资源系统、品牌收入预算系统、项目监控系统、资本获取系统、利润计划系统等，其中一个系统将作为交互控制系统使用，$(n-1)$ 个系统将作为诊断控制系统使用。

将交互控制系统的概念与其他理论联系起来

尽管使用的是同一种基本系统，但是基于注意力模式不同，高层管理者的具体使用方式也不同。这种现象以前在管理控制文献中没有记载，但在其他学科中有相似情形。

心理学理论

在心理学中,埃伦·兰格区分了"无意识"和"有意识"。无意识是指个人的行为是不由自主和不假思索的。这些行为是通过习惯、规则和公认的分类来学习的。在道路右侧驾驶汽车、穿着得体地上班、每天走同一条路线,都是这种不假思索的无意识行为的例子。相比之下,有意识关注的是新范畴的创造、对新信息的开放性获取以及对多种观点的了解(Langer,1989,62)。兰格认为,对结果的预知会使我们变得无意识,而有意识是对取得结果的过程的一种关注(Langer,1989,75)。让我们回想一下,诊断控制监控结果,而交互控制则关注过程。

控制理论的关键就是注意力的分配,据此,兰格认为:

> 要理解这一点,不必时时刻刻都注意每件事,可以把大脑想象成一个有 CEO 的大公司。这位 CEO 负责监督公司的整体运作及其与外部世界的交易,但不是、不能也不应该积极地监督一切。例如,在公司总部,保证供暖系统正常运转的工作通常被委派给专门的管理人员。CEO 不需要关注它,除非需要大量投资来更换该系统设备。同样地,我们大多数人都可以下意识地正常呼吸。我们不需要"留心"它,除非是因感冒或为马拉松进行准备。许多复杂的活动,例如开车,在初学阶段需要注意力高度集中,但后续就不再需要像初学时那样小心翼翼。像 CEO 这样有

效率的人会明智地分配注意力，选择在何时何地全神贯注。

一个细心的CEO会在两个层面上留心：专注于危机的解决，或者利用危机作为创新的机会……这两个层面的留心，即选择把精力花在什么上面，是我们可以一直做的事情。虽然我们不能也不想同时注意到每件事，但我们总是可以注意到某些事情。对于任何一位CEO来说，当然对我们其他人来说也是一样，最重要的任务就是选择要关注的事情。一个细心的高管不会花一整天的时间检查工厂里的每一个开支账户或小部件，而会选择应该把精力放在何处。(Langer，1989，198-199)

领导力理论

卡内基梅隆大学的组织学者、前校长理查德·西尔特对这一观点进行了进一步的阐述。西尔特认为，领导者不仅要选择将注意力分配到哪里，而且要向其他成员发出信号，告知他们应该将注意力投向何处。

我对领导力的定义是，领导者控制着组织成员注意力的分配……在任何管理者占主导地位的组织中，结构化的规章制度往往会影响注意力的分配，领导者会努力抓住成员的注意力焦点，以便将他们的注意力分配到领导者认为重要的领域……

领导者试图集中注意力的问题，至少部分反映了领导者头脑中存在的组织愿景。随着领导者从组织绩效中获得反馈,这种愿景将随着时间的推移而改变。随着愿景的改变,领导者希望组织成员关注的各个问题的优先级也会发生变化。组织是动态的,注意力分配是一个不断进行且总有必要的过程。(Cyert,1990,32)

组织和系统理论

与交互控制系统指导注意力分配和收集战略不确定性信息的观点相呼应,西尔特和马奇认为,应该把探索行为引向组织薄弱的领域。这些领域的活动与主要目标的联系,往往难以具体计算(Cyert and March,1963,122)。在这些领域,进一步学习的需求很高。决策是非常规的、非结构化的,并且影响组织的大部分成员。不确定性的增加要求各组织处理更多信息(Galbraith,1977,37)。多收集一些正式信息和在控制系统中投入更多精力可以提供更多的渠道,便于附加信息在组织内的上下传播。

阿克夫(Ackoff,1971)指出,大多数系统都有自我调整的能力,但有稳态反馈系统和自适应系统的区别。前者寻求通过内部调节(如加热恒温器)在不断变化的环境中保持其状态,后者会通过自身的改变以适应不断变化的环境。他认为,某些系统减少了多样性,而另一些则增加了多样性。这种区别类似于诊断控制系统和交互控制系统之间的区别,前者减少了多样性,后者增加了多样性。高层管理者使用交互控制系统来激励组织学习和催生新战略。①

在意识到需要实施新的战略行动计划,而组织目前不具备其所需的解决方案和能力后,学习就变得非常必要,阿吉里斯和肖恩如此描述这一过程:

> 管理者……开始着手解决这一矛盾。他们的研究结果将表现为组织规章制度的调整,且很可能是表现为对战略以及与组织准则相联系的假设的调整,然后这些研究结果将被纳入组织理论之中。
>
> 我们称这种学习为双循环学习。在这个过程中存在着一个双反馈回路,它不仅将检测到的错误与有效的战略和假设联系起来,而且与相关的准则联系起来。(Argyris and Schön,1978,22)

诊断控制系统促进单循环学习;交互控制系统促进双循环学习。单循环学习使工作过程保持在期望的范围内;双循环学习对战略构建的基础提出质疑。

战略管理理论

罗伯特·伯格曼在他的著作中对战略过程的性质和背景进行了分析(Burgelman,1983c,1991),为定义交互控制系统打下了基础。罗伯特·伯格曼区分了自上而下的战略过程和自下而上的涌现战略过程,同时也区分了"诱导性"和"自主性"

---

① 关于组织学习的文献回顾,请参见 Levitt and March (1988)。

战略行为。诱导性战略行为注重通过管理机制（如规划、组织目标和关键绩效指标的参考）使组织的独特能力与环境相适应。这些管理机制体现在诊断控制系统中。自主性战略行为关注当前战略范围之外的举措，这可以使高层管理者认识到有必要在战略方面进行一些重大调整。

> 在诱导性战略过程中，最高管理者的作用是通过行政机制和企业文化，将运营层面的战略举措与既定战略结合起来，确保实现既定战略。这样做使组织有可能在过去成功的基础上再接再厉，并在当前领域利用相关的机会。然而……重要的是，战略实施过程中会面临环境的选择性压力。这为组织战略提供了一个现实的考验。在自主性战略过程中，高层管理者的角色是战略识别，而不是战略规划。最高管理者需要启动对战略背景的判断，以找出哪些自主计划对组织具有适用价值，并且值得成为组织战略的一部分。(Burgelman，1991，255-256)

伯格曼提出，成功的组织已经学会了如何管理诱导性战略行为和激发自主性战略行为。本书所讨论的交互控制系统引导试验和学习，而这些对新的自主性战略规划在组织中形成并接受检验是必不可少的。

管理者可能已经使用这些技巧很长时间了，只是这些技巧从未在概念上得到承认。下面介绍阿尔弗雷德·斯隆（Alfred Sloan）在20世纪30年代使用的一种系统，这可能就是一种交互控制系统：

斯隆的愿景如此专注于未来，以至于他对通用公司的会计体系进行了调整，使其不是像通常的做法那样衡量过去的业绩，而是对未来的绩效进行预测和调整。"通过我们的会计制度，"他说，"我们可以向前看……并且可以改变我们的方法或政策以实现更好的业绩结果。"因此，(控制系统)设计师将重点从用反馈信息确定过去或现在的业绩，转向用……环境条件数据预测未来的绩效，尤其是客户的决定。布朗（他负责设计和实施这些系统）将这些……行动分为短期和长期因素。影响需求的短期因素是那些可以"迅速发挥作用以抵消不利发展的因素。它们包括特殊的销售刺激、更密集的广告宣传，甚至是临时的低价，只要这些是由预期和合理的需求下降所要求的"。长期……影响包括"与消费者在风格、功能、适用性等方面有关的因素"。在这里，"工程师和销售人员齐心协力"以提高客户接受的可能性。(Kuhn，1986，210)

系统设计应考虑的问题

在前面给出的例子中，一家软饮料公司的高层管理者选择交互使用市场份额监控系统；一家全国性报纸的员工选择了"周五报告"；一家医疗供应公司的员工选择了项目监控系统。他们是怎么选择的？高层管理者在确定交互使用系统时依据什么标准？

任何控制系统要成为交互控制系统都需要满足五个条件。

1. 一个控制系统要能被交互使用，必须根据当前最新信息重新预测未来状态。交互控制系统关注变化的模式；管理者提出的关键问题是："发生了什么变化？原因是什么？"为了回答这些问题，有必要在重新评估当前信息的基础上，不断重新预测未来的状态。在诊断控制系统中，实际结果与预期进行比较，无论是正向的还是负向的，只要出现显著的差异，就会触发认知上的探索。数据出现的明显变化，提醒组织成员为未来可能发生的变化做好准备。由于竞争对手推出新产品，而使某个目标未能实现，会引发对竞争环境的重新预测。通过理解环境的变化，组织成员能够估计对当前规划、目标和战略的潜在影响，并就背后的根本原因展开讨论。

2. 一个控制系统要能被交互使用，其包含的信息必须简单易懂。为了产生易于理解、学习和修订的行动计划，需要针对某种信息产生的原因和影响进行讨论，而不是讨论如何构建和报告信息。例如，市场份额数据很容易理解，但是以作业成本法和两阶段间接成本分配法为基础的精细成本会计制度就不太容易理解。那些依赖职能专家对数据进行复杂转换的系统无法交互使用。对管理者来说，要理解这些系统并有效利用数据不太容易。此外，来自复杂系统的信息常常无法及时收集和处理。

3. 一个控制系统要能被交互使用，不仅要求被高层管理者使用，而且要求被组织的多个层级的管理者使用。作为探索活动的催化剂，该系统必须是有用的且被组织成员广泛使用。利润计划满足这一条件；但长期战略规划无法满足这一要求。

4. 一个控制系统要能被交互使用，必须能够触发修订的行动计划。在讨论和理解了变化是什么以及变化的原因之后，关键的问题变为："我们该怎么办？我们如何应对这些威胁或利用这些情况？"

我们通过回顾国家气象局使用数据收集系统的例子来做一个类比：当气候要发生显著变化时，及时采取行动就会带来好处。在竞争环境中，对正在变化的条件的预测必须能够为如何调整战略以获得优势提供重要的信息。这种信息对于组织来说至关重要，因为组织希望鼓励成员检验新思想和新战略，并在竞争市场中加以使用。

上述四个条件是高层管理者交互使用控制系统的必要条件，但不是充分条件。第五个条件很关键。

5. 一个控制系统要能被交互使用，必须能够收集和生成与战略不确定性带来的影响有关的信息。如前所述，战略不确定性是特定行业和每个竞争对手所选择的商业战略特有的，因此，对每个企业来说是唯一的。

一项对美国保健品行业 30 家企业的研究表明，该行业的高层管理者通常会选择交互使用以下五种控制系统中的一种（Simons，1991）：

1. 项目管理系统，通常以项目为基础，监控组织活动的不连续环节。这些系统中使用了关键路径分析、甘特图和其他类型的阶段性规划和分析。

2. 利润计划系统，是按收入和成本分类，报告各项业务的计划收入和实际支出的财务系统。例如年度利润计划或预算、第二年预测以及战略运营和财务规划。

3. 品牌收入预算系统，即专门按品牌划分的收入，包括按细分市场、包装类型和促销活动划分的单位数量和价格。这些系统还包括市场份额数据和发货数据。

4. 情报系统，是用于收集和传播社会、政治和技术商业环境信息的系统。系统数据库是根据行业报告、立法团体文件、科学和贸易期刊以及竞争对手的年度报告汇编而成的。

5. 人力发展系统，即建立员工技能和管理潜力清单，并监测选定员工的发展规划。这些系统包括战略人力资源系统、目标管理系统、职业规划和咨询系统以及继任计划系统。

图5-5说明了保健品行业的商业战略、战略不确定性和交互控制系统之间的关系。

选择交互使用的系统

任何交互控制系统的设计特征——所采用的衡量指标类型、系统焦点和规划范围等都取决于企业技术、政府监管和保护的程度、价值链的复杂性以及竞争对手战术反应的容易程度等因素。

表5-2突出展示了这些因素如何影响各类企业交互管理控制系统的设计和选择。

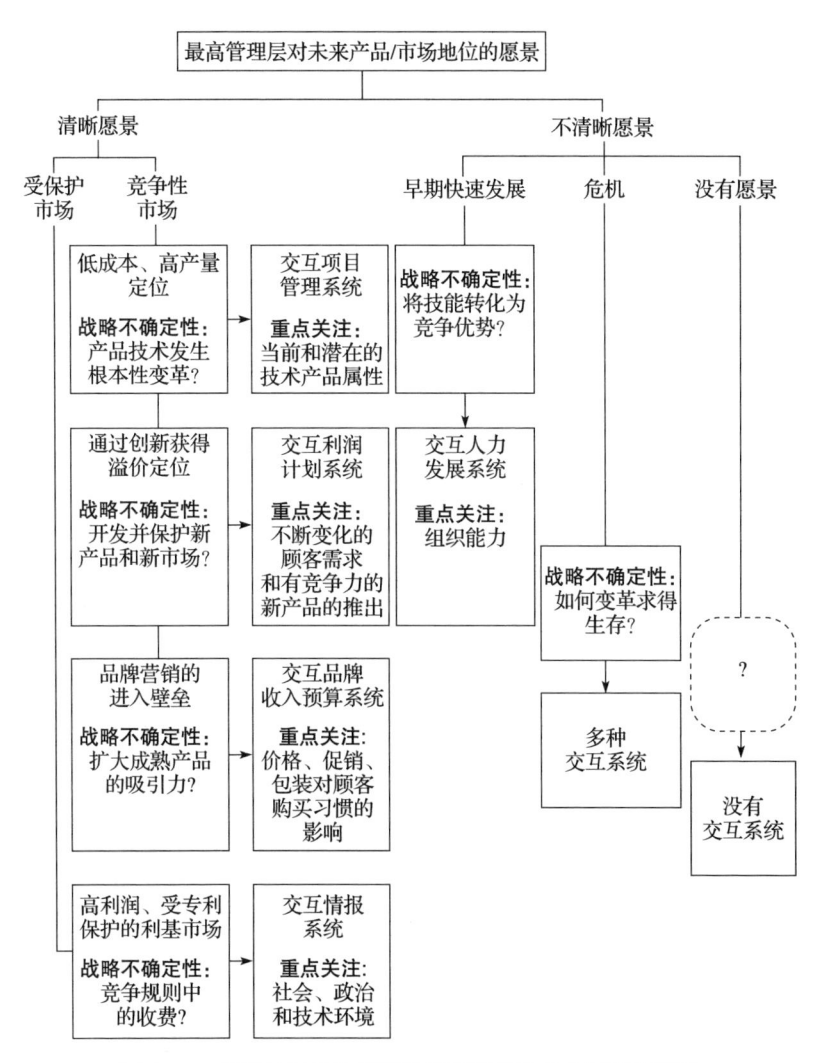

第5章 交互控制系统：适应竞争环境

```
                  最高管理层对未来产品/市场地位的愿景
         ┌─────────────────────┴─────────────────────┐
      清晰愿景                                    不清晰愿景
    ┌────┴────┐                          ┌───────────┼──────────┐
  受保护    竞争性                     早期快速发展   危机      没有愿景
   市场      市场
```

受保护市场 / 竞争性市场		早期快速发展	危机	没有愿景
低成本、高产量定位 战略不确定性：产品技术发生根本性变革？	**交互项目管理系统** 重点关注：当前和潜在的技术产品属性	**战略不确定性**：将技能转化为竞争优势？		
通过创新获得溢价定位 战略不确定性：开发并保护新产品和新市场？	**交互利润计划系统** 重点关注：不断变化的顾客需求和有竞争力的新产品的推出	**交互人力发展系统** 重点关注：组织能力	**战略不确定性**：如何变革求得生存？	？
品牌营销的进入壁垒 战略不确定性：扩大成熟产品的吸引力？	**交互品牌收入预算系统** 重点关注：价格、促销、包装对顾客购买习惯的影响		多种交互系统	没有交互系统
高利润、受专利保护的利基市场 战略不确定性：竞争规则中的收费？	**交互情报系统** 重点关注：社会、政治和技术环境			

图5-5 保健品行业选择哪种控制系统作为交互控制系统

资料来源：Robert Simons, "Strategic Orientation and Top Management Attention to Control Systems," *Strategic Management Journal* 12 (1991): 54. Copyright © 1991 by John Wiley & Sons, Ltd. Reprinted by permission of John Wiley & Sons, Ltd.

表 5-2 影响交互控制系统设计的因素

决定因素	如果决定因素作用大，那么交互控制系统	如果决定因素作用小，那么交互控制系统
技术依赖	关注新技术的出现	关注顾客需求变化
政府监管和市场保护	关注社会政治方面的威胁与机会	关注竞争性威胁与机会
价值链的复杂性	使用基于会计的衡量指标	使用基于投入/产出单位的衡量指标
战术反应的容易程度	用较短的规划期限	用较长的规划期限

技术依赖

一方面，一些产品市场高度依赖于某套特定的技术。企业在这些市场上竞争，就不得不谨慎地关注该领域的技术发展。一个企业或行业越是依赖于一个特定的技术基础，管理者就越有必要通过关注新的技术应用方式，来保护自己的竞争优势或破坏竞争对手的优势。在这些情况下，交互项目管理系统可能是最有效的。另一方面，在技术依赖性较低或产品多样化的情况下，客户往往不会忠实于任何一个品种，高层管理者必须将注意力集中在响应客户需求的独特办法上，例如推出新产品或采用新的办法销售现有产品。在这些情况下，交互品牌收入预算系统或交互利润计划系统可能是有用的。

监管

在公共事业和研究性制药公司等受监管行业，管理者必须特别关注公众情绪、政治压力以及即将出台的法规和规定。对于这些公司来说，交互情报系统变得非常重要，因为利用该系统可以收集数据，了解和影响（如果可能）企业所处的复杂的社会、政治和技术环境。

价值链的复杂性

具有复杂价值链的企业的管理者，例如那些在多个市场中不断进行产品创新的企业，必须监控跨产品线和市场的交易。在这些企业中，原料投入、生产、分销以及销售和营销的各个环节，往往以复杂而动态的方式联系在一起。因此，对于这些企业来说，基于会计的衡量指标（如交互利润计划系统）可以提供关于威胁和机会的基本指标，因为这些系统突出反映了变量变化后的综合影响。相比之下，拥有稳定的、被充分理解的价值链的企业（如成熟的消费品牌企业）的管理者需要管理较少的复杂交易。因此，他们可以通过重点关注更简单的投入和产出指标，如品牌数量和份额，来降低价值链的复杂性。这些企业经常交互使用品牌收入预算系统。

战术反应的容易程度

如果模仿竞争对手的战术很容易，那么规划的时间就非常短。战术反应而不是规划，成为取胜的关键，交互品牌收入预算系统保证了这一点。如果由于技术或市场的限制，很难模仿竞争对手的战略行动规划，那么规划期就更长。这时，交互项目管理系统或交互利润计划系统会很有效（Simons，1991）。

例如，强生公司的竞争战略是溢价价格定位和高水平的产品创新。强生公司使用交互利润计划系统，重点关注有关新产品和市场的开发、保护的战略不确定性。在一年中，强生公司的管理者定期重新评估竞争战略和新产品推出对其本年度和下一年度利润计划的预期影响。他们还调整了五年和十年计划。管理者反复提出的问题是："自上次预测以来发生了什么变化？发生变化的原因是什么？我们该怎么做？"（Simons，1987b，1987c）

参考表5-2可以发现，他们选择交互利润计划系统是有意义的。像强生公司这样的企业，业务的技术依赖性较低，因此交互系统应着眼于顾客需求的变化；在其大部分业务中几乎没有政府监管，因此该系统应该关注竞争威胁和机会；在高度复杂的价值链中强调创新和产品多样性，建议采用基于会计的衡量指标来监控交易；竞争对手战术反应的容易程度是中等的，这表明需要一个长于几周但不到几年的规划期。

选择错误的交互控制系统的风险

重要的是我们要理解，一个企业的交互控制系统，可以在另一个企业中作为诊断控制系统使用。高层管理者决定成员应该把注意力集中在哪里。交互项目管理系统将关注产品技术的根本变化；交互品牌收入预算系统将关注价格、促销和包装对顾客购买习惯的影响；交互利润计划系统将把注意力集中在不断变化的顾客需求和有竞争力的新产品的推出上。当然，任何选择都有出错的风险。在交互控制系统出错的情况下，错误可能集中在组织关注了错误的战略不确定性因素。由于交互控制系统引导组织寻找机会，这种错误还可能会使组织的注意力偏离方向，使其不易成功。此外，由于将注意力集中在机会空间内的不起眼的潜在机会上，组织可能会无暇顾及其他机会。

一家大型综合石油公司的管理者使用交互项目管理系统把注意力聚焦到储备报告、竞争性投标计划和勘探建议上。他们使用该系统制定连贯的勘探战略和发展组织的生产能力。当原油价格急剧下跌时，管理者继续关注项目管理系统和相关勘探战略，并认为油价会回升。但是随之而来的却是危机，这也最终导致高层管理者被解雇。[1]

为什么战略规划绝对不能作为一种交互系统

有时我们认为战略规划可以成为一个良好的交互系统，因为战略规划侧重于战略不确定性，并且应涉及高层管理者。但是，长期规划系统并不会用于整个组织，并且与修订后的行动规划无关。因此，战略规划系统无法用作交互系统。

在20世纪70年代，战略规划被誉为一种可以彻底改变管理的革命性技术。有些组织聘请了战略规划人员，成立了专业的战略规划协会，许多龙头公司设立了战略规划部门。15年后，情况发生了变化，规划人员不复存在，各规划部门也被解

---

[1] 摘自马克·加利恩（Mark Gallion）1989年为哈佛商学院MBA课程"战略管理系统"撰写的论文。

散或大幅缩减了规模。虽然战略规划的失败通常归因于缺乏高层管理者的承诺和参与（Steiner，1979，293；Lorange，1980，258），但我认为失败的真正原因是人们从根本上误解了战略规划和控制之间的关系。战略规划被人们界定为制定战略的方法（Anthony，1988，30-34）。专职规划人员试图哄骗高层管理者交互使用长期规划系统，从而声名狼藉，但管理者一致拒绝对战略规划予以必要的关注，不愿意交互使用系统，这是为什么呢？因为战略规划是一个执行战略，而非制定战略的系统（Mintzberg，1994，239，333）。新的战略即使有的话，也很少通过正式规划达成。详细的计划，无论是短期的还是长期的，无论是在工作人员办公室还是在工作之外的场地完成，都主要是一种执行工具。这是一个将管理者斟酌过的想法落实的过程，并确保可以调用一切资源使这些想法成功执行。

战略规划与控制的传统观点将战略规划与战略制定以及控制与实施联系起来。但是，这有些本末倒置了。战略规划是一种诊断控制工具。新的战略构想不是通过战略规划制定的，而是通过交互控制形成的，在边界控制系统确定的范围内引导新的战略构想的发展。因此，这里开发的框架与传统关系正好相反，将交互控制与战略制定相联系，将战略规划与实施相联系（见图5-6）。

在设定战略边界以及促进业务问题和机会的日常互动中，控制系统与战略制定的联系同控制系统与战略实施的联系一样重要。但战略规划另当别论。

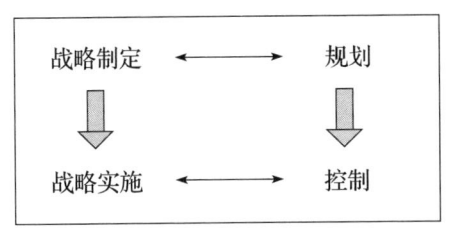

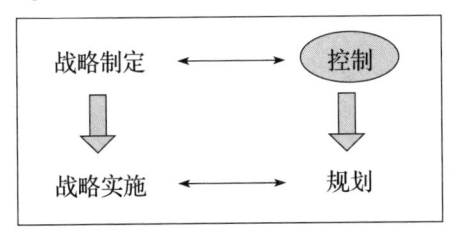

图 5-6 转变规划与控制的关系

选择交互使用的控制系统的数量

在正常的竞争条件下,任何时间节点中,具有明确战略眼光的高层管理者会选择很少的(通常只有一个)管理控制系统去交互使用(Simons,1990)。管理者只使用一个系统出于三个方面的原因:经济、能力和战略。

在经济方面,交互控制系统成本高昂。管理者必须平衡多个任务和角色。决策和控制只占据管理者日常活动的一部分(Mintzberg,1973,166-170)。顾名思义,交互控制系统需要占用整个组织的注意力,由于无暇兼顾其他任务,导致机会成本很高。

在能力方面，每个人处理大量不同信息的能力是有限的。随着信息量和复杂性的增加，决策者会遭受信息超载的影响（Schroder，Driver，and Streufert，1967，36）。交互控制系统的大量使用会使组织不堪重负，同时个人也没有能力处理必要的数据，以支持推动交互过程的对话和讨论。

从战略角度来说，只使用一种交互控制系统的主要原因是激励学习和试验。试图同时使用太多的管理控制系统可能会带来信息超载、分析浮于表面、观点无法形成和潜在的系统瘫痪的风险。处于危机中的公司管理者通常在短时间内交互使用所有控制系统，以找出变革的方法来求得生存。但是，该组织的精力和注意力是有限的。同时集中关注所有系统会造成令人难以置信的压力，因为员工会由于在短期内响应上级的信息需求和采取行动的要求，而处于极度紧张状态。此外，交互使用多个系统会使注意力分散在多个领域，导致高层管理者对战略不确定性的判断力降低。

高层管理者还必须确定何时更改交互控制系统的重点。随着竞争环境和高层管理者愿景的变化，战略不确定性也发生了变化。就之前讨论的大型综合石油公司而言，一项最大化储量潜力的新战略的实施会导致将利润计划作为新的交互控制系统。战略的改变会导致交互控制系统的更改。如果重新选择交互使用哪些系统花的时间太久，可能导致组织错失新的机会。组织的创新性和适应性将受到影响。此外，（交互控制系统）信号变化过于频繁会导致其相互矛盾，并造成组织混乱和注意力不集中。

没有战略愿景（或迫切创建战略愿景）的高层管理者不会选择交互使用控制系统。缺乏愿景似乎与组织中缺乏明确的交互控制系统有关。更重要的是，缺乏愿景意味着缺乏战略领导力，也预示着公司缺乏成为市场上成功竞争对手的能力（Simons，1991）。

交互控制系统和正式激励

要真正交互使用控制系统，必须专门设计激励措施。对在交互控制系统监控下的活动的成就进行奖励是没有惯例可以遵循的。交互控制系统应与主观的、基于贡献的奖励相关联。这一观点有两个方面需要考虑：一是奖励结构中的主观性；二是根据贡献而不是结果进行奖励。

奖励是一种主观行为，上级根据事实和直觉做出个人判断，决定如何恰当地奖励组织成员。管理者利用这种主观奖励来表彰那些很难（如果不是不可能的话）在事前确定或在事后衡量的创新行为。就其本质而言，创新依赖于个人去寻求机会。创造力是得到重视的结果。因此，管理者不能预先确定哪些具体结果将得到奖励。主观奖励提供了必要的灵活性，以确认在做出贡献、创造性寻找机会、检验新想法和在整个组织中共享信息方面所付出的努力。强生公司使用主观奖励来认可其交互利润计划系统反映出来的贡献；特纳建筑公司使用主观奖励来认可其交互项目监控系统反映出来的贡献。

对贡献而不是结果进行奖励，会促使组织成员开始学习。

由于不与组织成员无法控制的环境条件挂钩,因此奖励鼓励组织内信息共享、采用新的行动计划和学习。组织成员更有意愿去分享对环境的预测,例如,竞争环境状况恶化等信息。因为这些外界变量的变化不会影响他们获得奖励。

此外,当贡献得到奖励时,组织成员会试图使他们的努力被上级察觉到。对于管理工作来说,一般很难注意到基层员工的努力和贡献。根据主观奖励计划,组织成员除了交流他们遇到的问题和机会等信息,还会交流他们已实施或提议的行动计划,以便向上级展示他们的努力和贡献。这进一步增强了交互控制系统促进学习的作用。出于这些原因,如果激励措施刻板地与固定的、事先确定的目标挂钩,则无法交互使用控制系统。正如前一章所讨论的,刻板地将奖励与结果联系起来会导致员工使用一些权宜之计以及过于偏重某些方面。

最后,为了公平分配主观奖励,上级必须对商业环境、决策环境、一系列可能的替代方案以及未采取行动的潜在结果有一个深入的了解。只有当管理者了解组织成员在特定情况下做出的贡献,才能公平地确定奖励。虽然组织成员在交互对话时会提供一些信息,但更多的机会空间和因果关系的基本信息,还是依靠高层管理者对业务的深刻理解。因此,交互控制系统的使用需要高层管理者掌握精湛的业务知识,并充分了解行业信息。通过从内部选拔管理人员,或雇用那些具有深厚行业知识的外部人员,能很容易满足这一条件。

丰富的商业经验还会带来额外的好处。首先,高层管理者提出的质疑和讨论的质量会提高，从而加强组织的学习。其次，组织成员普遍认为主观奖励系统是合规的，因为高层管理者真正理解他们所做出的努力和贡献。最后，通过组织内晋升或外聘产生的高级管理者，会警惕因使用主观奖励而可能产生的任何不良行为或耍花招行为，并尽量把它们减少到最低限度。

主观奖励既可以是经济性的，也可以是非经济性的。经济奖励与当前的购买力（工资和现金奖励）以及未来的购买力（股票期权）有关。但是，精神鼓励和表扬会促进荣誉感的产生和自我价值的实现，所以也是一种强大的非经济奖励手段。高效的管理者广泛地使用表扬和鼓励，来奖励个人与交互控制系统相关的创新和寻求机会的活动。

晋升不仅带来经济效益，同时也会带来表扬和荣誉，是奖励的终极手段。晋升是奖励个人在讨论和对话过程中做出的贡献的一个重要组成部分，原因有二。其一，交互过程凸显每个人在没有外界指导情况下创建独立目标、制订行动计划的能力。这是个人能否承担更大组织责任的重要决定因素。其二，交互过程凸显了每个人识别和调整战略不确定性因素的能力，这是在公司担任更高级别职位的必要先决条件。

利润计划作为交互控制系统的特例

利润计划是许多公司最原本的诊断控制系统，把利润计划作为交互控制系统来使用是一种特殊情况，使我们增加了对交互控制系统激励措施设计的了解。如前所述，利润计划系统如果交互使用，将与主观的、基于努力的奖励相关联。① 例如，奖金的颁发不是通过参考预设公式来确定，而是由高层管理者对成员在这种情况下的表现的主观判断来决定。如果下属能够证明他们在意外困难的市场中表现良好，则即使没有达到最初预期的目标，仍然可能会得到奖励。相反，如果某些偶然好运事件使得成绩高于预期的结果，那奖励可能会打折扣。

按照表5-2中描述的条件，当一家公司拥有复杂的价值链、多样化的技术基础并在竞争激烈、不受监管的市场中竞争时，它就可以交互使用其利润计划系统。在这些情况下，利润计划提供了一个简单、易于更新的框架来讨论市场竞争的变化、改变价值链的复杂性对企业的影响、采用新行动计划的预期效果和竞争对手的反应等。那么，对于这一小部分公司，将利润计划用作交互控制系统是合适的。然而，即使对于这些公司，在制定利润目标时也应该考虑，最终必须产生股东和其他利益相关者满意的结果。因此，必须同时以诊断方式和交互方式使用利润计划。管理者要如何做到这一点？

对于该问题的解决方案有以下提议：为交互控制系统添加应急缓冲以保证关键诊断目标的实现。这个应急缓冲提供了一个安全阀，允许进行建设性对话并确保关键目标不会受到威胁。在制订利润计划时，首先考虑如何处理传统的诊断利润计划。

---

① 这一观点与戈文达拉金和古普塔的研究成果相呼应，他们对八个不同行业的58家战略单位进行调查后发现，处于成长期的创新企业与那些追求资金流量并最终走下坡路的企业相比，更有可能使用主观激励计划（Govindarajin and Gupta, 1985）。

高层管理者可能会与上级协商，该企业明年将实现 1 000 万美元的利润。在一个稳定的、非创新性的企业中，这个数字成为一个固定的承诺，并被纳入企业的利润计划。1 000 万美元的目标可以跨部门分配，并以典型的诊断方式定期监控。可以通过公式将激励与利润计划目标联系起来，而无须使用应急缓冲。

然而，在竞争激烈的创新型企业中，高层管理者可能希望以更具交互性的方式使用公司的利润计划系统，以增加创新压力并重点关注战略不确定性。交互利润计划过程不是将利润目标视为固定目标，而是需要根据不断变化的情况定期自下而上地修订利润目标。在这种情况下，高层管理者可能会建立一个应急缓冲，一开始要求成员完成 1 100 万美元的利润目标，如果他们无法实现目标，可以经过协商后，不将 100 万美元的应急基金计入利润目标。月度会议除了讨论利润计划的完成情况、业绩欠佳或业绩过高的原因，还会基于新产品推出情况和竞争对手采取的行动对竞争环境重新评估，并就提出的行动计划进行讨论。

经互相协商，管理者可以在当年调整利润计划目标，并在需要时动用应急基金，以保障 1 000 万美元的关键目标。管理者可以进行主观判断，评估组织成员为了实现 1 100 万美元的目标而进行的创新和抓住新机会的努力情况，并确定激励措施；如有必要，这额外附加的 100 万美元利润目标可用作缓冲，以确保至少实现 1 000 万美元的利润目标。强生公司和特纳建筑公司使用的都是这种方法。

管理者和职能部门的作用

诊断控制系统可以为高层管理者节省精力：管理者不需要每时每刻对企业的运转进行监控。因此，就诊断控制系统而言，职能部门好比是看门人、维护者和系统专家。

交互控制系统可以促使员工增强注意力。高层管理者会频繁地使用这些系统。因此，整个组织的管理者要承担起解释和使用系统中包含的信息的主要责任。这些任务不会被下达委派。职能部门主要作为互动过程中的促进者。它们协助收集、整理和分发数据，协助管理者开会讨论行动计划。其目的是保持交互控制系统便于业务经理访问，以确保整个组织的管理者都可以使用它。

要使交互控制系统有效运转，中层管理者的工作尤为重要。中层管理者是信息网络的关键节点——这些节点反映了高层管理者关注的问题，并将新收集的信息在组织中纵向、横向传达。日本学者野中郁次郎描述了他们的重要性：

> 中层管理者在频繁的沟通中必须面对和承受群体其他成员的批评。新的思想必须成功地打破组织原有的稳定状态，让所有的人都参与进来。随着组织在进行创新的过程中，为了解决问题而重点关注某一矛盾，创新引起的不稳定状态更加突出。这些矛盾产生了对新视角的需求，加速了信息创造活动。本田公司研发经理的声明就是其例证："创造力是通过将人们逼到没有退路，在极限的状态下产生的。"（Nonaka，1988，15）

管理交互控制系统是一项精细的任务。高层管理者必须使用这些系统在内部制造压力并收集信息和制订行动计划。特纳建筑公司的一位高层管理者描述了他对交互项目监控系统的使用：

> 我乐此不疲地做这件事，寻找问题并保持怀疑。我每个月都会收到四份报告——每个部门一份。但在他们提交报告之前，我会去每个部门，与部门主管和员工坐下来仔细讨论问题和机会。讨论的重点是应该确定多少应急基金。
>
> 你必须有应急基金来为自己留有余地。这就是为什么面对面讨论这些事情如此重要。与部门主管坐在一起，我可以看着部门的一个年轻的成本工程师的眼睛询问："我们能在这项工作上节省30万美元吗？"从他的眼神中我就能知道答案。当我与加里（Gary）和杰恩（Jayne）坐在一起时，我会在问这些棘手问题时轮流盯着他们的眼睛。(Simons and Weston，1990d，9)

这个过程可能具有一定的威胁性。以交互控制系统来触发学习，需要一个重视开放性并接受建设性挑战和讨论的环境。如果在交互控制过程中高层管理者没有对组织成员进行应有的关怀，其表现出的极大兴趣和积极参与，可能会让组织成员觉得具有威胁性。如果受到尴尬的威胁，成员学习的积极性就会受到影响。组织成员可能会因为他们的努力和想法受到公开批评而感到处于危险之中，从而会通过减少工作中的主动性来降低这种风险。此外，组织成员可能会因为害怕挑战同行和高层管理者的假设和行动计划，而采取自我保护行动。比如国际电报电话公司举办的由哈罗德·杰宁主持的会议，就是因为未曾预料的后果而声名狼藉。

阿吉里斯广泛研究了导致个人和组织创建防御性惯例的因素，他将这些自我保护机制定义为个人通过一些策略或行为，来规避使他们尴尬或受到威胁的情况（Argyris，1990a，505）。切尔诺贝利事件又是一个严酷的例子：

> 当克诺克（Khenokh）（核电站主任）说由于设备交付延迟，他的发电站的一个机组无法及时准备就绪，谢尔比纳（Shcerbina）（主管能源的副总理）爆发了："你看，多么英雄啊！他自己确定了最后的开工期限。"然后他喊道："克诺克同志，谁给你权利不顾政府的规定而我行我素？"会后，克诺克伤心地说……"我们自己说谎，也教下属说谎。即使是出于某种崇高的目的，谎言仍然是谎言。这是不会有任何好结果的。"（Holloway，1990，5）

自我保护行为往往不利于企业的生产，这些行为包括未能挑战不合理的言论、不能发表不同意见、附和上级的观点以取悦他们、在交流时采用模棱两可的态度，以及使这些交流和学习的失败之处无法讨论（Argyris，1990b）。高层管理者必须确保这些类型的行为不会破坏交互控制过程旨在激发的学习的积极性。高效的管理者必须奖励和鼓励那些愿意提出异议、承担风险、分享信息和提出新想法的成员。

小结

为总结交互控制系统的显著特征及其管理方式,表5-3中提供了其与诊断控制系统属性的比较。所有交互控制系统的共同点是不断重新估计未来状态并考虑如何做出最佳反应。交互控制系统不仅关注预测,更重要的是,将预测与行动联系起来。关注过程而不是预先确定的结果,是其成功的关键所在。

表5-3 诊断控制系统和交互控制系统的对比

	商业战略	
	↓	↓
以……为战略重点关注	目标 关键绩效指标	愿景 战略不确定性
	↓	↓
	诊断控制系统	交互控制系统
意图	给予激励并指出实现目标的方向	在组织内部促进交流和学习
目的	完成既定目标	创造性寻找机会
分析	推论	归纳
系统复杂程度	复杂	简单
时间段	过去和现在	现在和将来
目标	固定	持续重新估定
反馈	负反馈	正反馈
调整	投入或过程	双循环学习
交流	不需要对话	达成一致意见
员工责任	监管作用	促进作用

| 第 3 部分 |

控制商业战略的动态框架

| 第6章 |
控制杠杆的实际应用[*]

我们已经对每一种控制杠杆进行了详细讨论,现在我们来分析管理者如何选择和使用这些杠杆来实现战略议程。管理者采用各个控制系统的时机和目的是不同的,采用哪种控制系统要根据各个管理者及其组织在信息和控制方面的需求来进行调整。为了说明这一点,本章将简要介绍如何在企业的整个生命周期内应用控制系统(见图6-1)。

在企业的起步阶段,基本上不需要采用正式的控制系统。因为员工之间可以随时进行面对面的交流,即使没有正式的报告架构,也可以控制公司的关键业务活动。此时唯一需要的正式控制系统就是用以确保资产安全和会计信息可靠的内部会计控制系统。

但是,在企业的成长阶段,规模的不断扩大需要企业把更

---

[*] 本章改编自 Robert Simons, "How New Top Managers Use Control Systems as Levers of Strategic Renewal," *Strategic Management Journal* 15 (1994): 169-189. Copyright © 1994 by John Wiley & Sons, Ltd. Reprinted by permission of John Wiley & Sons, Ltd.

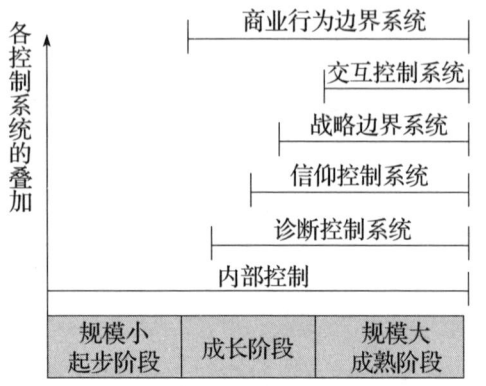

图 6-1 企业生命周期内管理控制系统的演变

多的决策权下放给下级。因此，正式、可衡量的目标和对员工活动的监控变得越来越重要。公司开始使用诊断控制系统来满足高层管理者对信息和控制的需要，并使绩效激励措施与诊断目标的实现相结合。

到企业成长阶段的后期，公司在不同地区的多个市场开展业务。在这一阶段，公司开始使用正式的信仰控制系统。这时，企业的使命和愿景被建立起来并在内部广为传达，以激励员工、给员工授权并指定发展方向。同时，管理者也认识到必须公开禁止员工从事某些活动。投资失利和项目失败会导致形成新的战略边界，并对机会空间加以限制。

在一个已步入成熟阶段的公司里，高层管理者学会了如何通过下属寻找机会来进行创新和提出新的战略构想。在这一阶段，他们开始交互使用所选择的控制系统。信仰控制系统、战略边界系统、诊断控制系统和交互控制系统开始共同控制战略的制定和实施。最后，当员工的错误行为造成危机，企业会实施商业行为边界系统。

在图6-1中，控制杠杆是静态的、没有生命的。在组织活动中，管理者为维护或改变组织的行为模式而使用各种手段，这张图没有显示出这些手段所发挥的作用及其使用的时机。管理者如何使用这些杠杆来完成他们的议程？哪些方面的压力会对下属的行为产生影响？管理者对不同控制系统的关注程度有什么变化？为了深入了解控制系统是如何影响行为和推动战略更新的，本章后面的内容将着重介绍关于十位新任命的管理者及其使用四种控制杠杆的一项研究。

十位新任高层管理者如何使用控制杠杆

> 系统是我们需要跨越的最为关键的鸿沟。如果没有适当的系统来整合数据，我们的战略就很难奏效。

这十位管理者都是新任命的公司总经理，他们要么向董事会述职，要么向母公司的管理层述职。这项研究主要针对新任命的管理者，通过在他们接管公司后公司发生的一些变化，来探究战略与控制杠杆之间的因果关系。由于过去的研究表明内部人员和外部人员在实施组织变革的程度上可能会有所不同，因此这十个研究对象被分成两组，一组是五位从组织内部提拔的管理者，另一组是五位从外部招聘的管理者。①

表 6-1 列出了这十位管理者及其所在的公司。他们所在公司的规模和行业是不同的，但是他们利用控制杠杆来推动战略变革的方式却非常相似。

表 6-1　新任命的高层管理者及其公司介绍

公司类别	单位收入（百万美元）	职位	直接上级	公司内部人员（内）或外部人员（外）
计算机制造商	2 000	总经理	母公司总经理	内
银行	2 000	总经理	母公司总经理	内
罐头生产商	4 000	总经理	母公司总经理	外
机械厂	350	总经理	母公司总经理	内
食品加工厂	400	总经理	母公司总经理	外
名牌消费品公司	6 000	总经理	董事会（以及正办理退休和工作交接的 CEO）	内
电力公司	1 800	总经理	董事会	外
保健品厂	600	总经理	董事会	外
纸制品生产厂	2 800	总经理	正在办理退休的 CEO 董事会	外
零售商	2 700	总经理	董事会	内

① 要讨论内部人员和外部人员的不同作用，请参见 Wiersema（1992）；Helmich and Brown（1972）。

这项研究对这十位管理者任职的前 18 个月进行了跟踪调查。他们每个人都同意接受采访，每隔 4 个月提供一些资料，以记录他们要完成的议程、制订的行动计划和正式系统的使用情况。他们的下属也接受了采访，以帮助了解公司变革的性质和程度。研究还收集了有关个人背景、经验和成功原因等方面的资料，编写了组织在战略、结构和流程方面发生的变化，收集了与计划和控制系统相关的正式文件的副本。此外，还收集了一些公开资料，如新闻报道、分析师报告和年度报告等。

被调查的十位管理者都积极使用管理控制系统来促进和支持战略变革。按照每一位管理者所感知到的变革任务，又可将这十位管理者分为两组。第一组包括四位管理者，他们实施的战略发生了根本性的改变。这些管理者及其公司被划为第一类：战略转变。剩余六位管理者负责对战略做出一些调整，但是他们的职责是在维持公司已取得的成功的基础上继续发展。这些管理者及其公司被划为第二类：战略改进。表 6-2 列出了每个公司的发展历程及其在战略上取得的成功。

表 6-2　样本公司以往的战略情况

	以往的战略成果	上一任管理者	新任管理者
第一类：战略转变			
计算机制造商	不成功的利基战略；市场失败，损失惨重	被辞退	内部提拔
银行	不成功的多元化战略；不良贷款，损失惨重	被辞退	内部提拔

续表

	以往的战略成果	上一任管理者	新任管理者
食品加工厂	业务停滞不前；未能挖掘潜力	被辞退	外部聘用
保健品厂	特许经营逐渐削弱；多元化战略失败	被辞退	外部聘用
第二类：战略改进			
罐头生产商	大批量、低成本市场领导者	公司并购后离职	外部聘用
机械厂	利基市场领导者	退休	内部提拔
名牌消费品公司	市场领导者；强大的特许经营网络	仍担任董事长；正在交接	内部提拔
电力公司	在政府调控环境中创新性垄断经营	意外去世	外部聘用
纸制品生产厂	利基市场领导者	正在交接	外部聘用
零售商	利基市场领导者	仍担任董事长；正在交接	内部提拔

原本预计，与从内部提拔的管理者相比，从公司外部聘用的管理者更有可能进行根本性的变革，但调查数据并不支持这一结论。第一类的四位管理者中有两位是从外部聘用的，有两位是从内部提拔的。第二类的六位管理者中有三位是从外部聘用的，另外三位是从内部提拔的。

在为期18个月的调查中，这些管理者和他们的下属经常被问及如何使用和为什么使用正式控制系统的问题，例如：花在每个控制系统上的时间有多少？工作重心如何转移以及转移的原因是什么？变革的提议从何而来？谁参与了一些实质性问题的讨论，比如设定目标、确定激励式报酬方案、制定新的使命和战略、确立指导方针和阶段性目标等？这些干预措施的轻重缓急是如何安排的？高层管理者和职能部门的人员在这些过程中发挥什么作用？哪些方面的问题要由高层管理者亲自处理，哪些方面的问题可授权其他人处理？

第一类：战略转变

> 时间不断流逝，而我夜不能寐。我们的钱付之一炬。我们没有利用好产品市场。我们辜负了期望，交付了质量低劣的产品。

属于这一类的每位管理者都在重新制定基本的商业战略。这四家公司中有三家公司是因为以前采用的战略失败而决定改变战略的，它们以前采用的战略是开辟新的利基市场、开拓经营区域或开拓新产品市场。这些战略的失败造成了重大的经济损失。三名新管理者接替了因战略失败而被辞退的上任管理者。另外一家公司新上任的管理者是由刚收购该公司的母公司从外部聘请的。这位管理者被要求确定新的战略重点，扩大业务规模，因为当时公司的业务正在走下坡路。

管理者进行战略转变常常是因为有提高绩效的压力（Gabarro，1987，51）。由于上级急切要求完成任务，这些管者意识到如果短期内问题得不到解决，他们的职位就保不住。（正如一家跨国企业的董事长对一位经理所说的："欢迎来到快车道。但是你应该知道如果你无法做到不断加速，就会被人碾压过去。"）

每位管理者都在上任后的几个月内重新审视和评估公司面临的机会。尽管所有的管理者都去了不同的业务地点，会见了下属、供应商和客户，对公司的经济状况进行了深入分析以便更好地了解战略选择，但在前三个月内，他们几乎没有实施实质性的改变。有三位管理者建立了内部咨询小组，用于分析市场动态、竞争威胁和潜在机会。剩余一位管理者依靠外部咨询人员建立了一个数据库，用于对市场和竞争对手进行分析、对组织能力进行考察。[①]

在任期的前12个月，管理者们意识到了三项紧迫的需求：

- 克服组织的惰性。
- 确定和传达期望取得的绩效。
- 使新议程得到组织上下的完全支持。

正式系统在解决这三项需求的过程中发挥了重大作用。

利用管理控制系统克服组织惰性

我不断对下属强调，原地踏步、不思进取是不可接受的。

[①] 加巴罗（Gabarro, 1987, 20-24）详细讨论了这一定位/评估阶段。

进行战略转变的管理者接受任命,从根本上对组织加以改变。然而,组织内部存在着很大的惰性,如果要引入和维持实质性的变革,就必须克服这些惰性(Miller and Friesen,1984,第 10 章)。习惯性的做法、标准操作步骤和正在进行的项目使组织内部长期存在的某些小团体已形成比较稳固的行为模式(Hannan and Freeman,1984;Nelson and Winter,1982,第 5 章)。要使新议程得到落实,管理者必须提供向新方向努力的动力,但首先,需要摒弃旧的行为模式(Argyris,1985,274)。

为此,组织经常会撤换那些在行为和态度上与新战略不一致的关键人员(Tushman,Newman,and Romanelli,1987)。四位管理者都撤换了几个关键职位上的直接下属。例如,有三家公司分别撤换了财务总监、营销副总经理和国际业务副总经理。

由于撤换公司的全体员工既不可能也不可取,因此 4 位管理者都转而利用信仰控制系统和边界控制系统来推动新的涌现的议程,并为新战略行动计划划定边界。随着公司新战略越来越明晰(在前 6 个月内),四位管理者都亲自起草了公司新的使命陈述。这些使命陈述都是在他们任职的第 3~6 个月起草的,主要内容包括核心信念、目标市场和确定的核心产品种类。使命陈述都采用比较广义的措辞来表达新任管理者制定的公司行动纲领。例如,一家实施全球扩张战略的雄心勃勃的公司的使命陈述就是简简单单的一句话:"坚定不移地在已进入的各个市场为我们的品牌树立全球绝对的领导地位。"另一家公司由于过去采取的多元化战略失败,本来强大的品牌特许经营权的影响力逐渐减弱，新任管理者重新出台的使命陈述如表6-3所示。

表6-3　使命陈述

使命

1. 我们的目标是成为全球各市场的领先供应商。我们将尽最大努力在世界范围内扩大我们的产品种类。

2. 我们会通过不断改进产品和产品线延伸，利用适合当地具体情况的制造、营销、分销和教育等创新技术，实现份额和市场增长的目标。

3. 我们将成为每个竞争市场的低成本生产商，同时保持我们传统的高产品质量。我们将使公司业务在各方面都保持在一种让我们为之骄傲的水平上。

4. 多元化机会必须建立在我们现有的优势和/或保持短期盈利的潜力上。除非我们能为股东带来可观的利益，否则我们将无法实现多元化，只能从事那些为股东带来利润的基本业务。

所有使命陈述的措辞都很鼓舞人心，以便为组织注入新的活力和动力。表6-3呈现了这些管理者使用的措辞："我们将尽最大努力……不断改进……低成本生产商……高产品质量……让我们为之骄傲。"正如一位管理者所说："增长是我们的首要目标，因此我们必须既会管理又会激励。"这些管理者故意使建立的信仰控制系统在措辞上模棱两可，以便能够对各级人员都产生号召力。

正式的边界控制系统明确规定了那些不能被容忍的行为，对鼓舞人心的信仰控制系统起着一种平衡作用。四位管理者都通过计划指导方针和其他正式制度明确表示，基于先前战略的业务将不再被接受。更具体地说，每名管理者都正式制定并传达了明确的战略边界。例如：

"我们不会从事任何不适合我们四大系列产品的活动。"
"我们不会在开发低脂产品上花费任何资源。"
"我们将不再开展定期促销活动来提高销量。"
"我们追求的是利润，而不是销量。"

这些边界由于把过去管理中寻找机会的行为排除在外，因此迫使员工忘记过去的行为。当新的管理者评估哪些下属需要保留、哪些下属需要更换时，下属会意识到不遵守规定将被视为严重的违规行为。

每个管理者都亲自起草文件和指导方针，给所有员工写信，准备演讲和录像带，巡查业务，与主要下属举行研讨会和会议。四位管理者中的三位还发布了传递核心价值观和行为准则的正式文件。管理者将这些文件称为"道路规则"或"公司价值声明"。这些信仰控制系统和边界控制系统试图激励和约束下属，并破除组织惰性。职能部门肩负起一种新的重要任务，对执行情况的合规性进行监督。

利用管理控制系统构建和传达绩效预期

在上任后的第一年，让大家相信我能在关键绩效指标方面取得成果非常重要。这就是为什么财务职能对我来说变得如此重要和强大。只有我在接管这项业务的前 12 个月的财务绩效是完美的，(董事长) 才会对我们正在进行的投资感到放心。

管理者改变业务方向的能力取决于上级的持续信心（Warren，1984）。所有四位管理者在任期的第4～6个月都开始了一场有针对性的活动，以获得相关上级（董事会或执行委员会）的支持。每位管理者都提出了一份使命陈述，讨论了新的战略，并提出了今后五年的可衡量目标作为个人承诺。尽管上级没有要求，但每个管理者都设定了责任目标，并提供了他愿意为之负责的诊断控制系统目标。这些行动的目的是传播、教育、表明承诺，并建立对新战略可行性的信心。

正式目标（如财务目标、市场份额目标、新业务目标）用于向上级传达新战略方向。例如，一位管理者提出的目标是，在四年的时间里，将业务开拓到新的区域市场，销售额从3.75亿美元提高到10亿美元以上，净利润率从12%提高至15%～16%。为了建立和维持他们在上级心中的信誉，这些目标的实现对管理者极其重要。因此，能够监测关键绩效指标的诊断控制系统变得至关重要。四家公司中有三家公司的现有诊断控制系统不足以满足新任管理者的信息和控制需求。在这些公司中，每一家公司的管理者都遵循双重战略，即聘请顾问来设计和实施新的诊断控制系统，同时聘请一名新的首席财务官来监督对关键绩效指标的监测。顾问安装了新的总账系统、订单管理系统、销售报表系统和利润计划系统。

每位管理者使用诊断控制系统，通过向上和向下的问责制来建立信誉。在这四家公司中，管理者都使用诊断控制系统要求下属承担责任。新的系统和原有的系统都重点关注推动新战略发展的关键绩效指标（如新开店的数量、客户增值、按部门和业务划分的营业收入报告、现金流）。一位管理者把这些变量称为"脉冲指标"；另一家公司为下属和关键业务部门制定了正式的"报告卡"。诊断控制系统的目标是定量的，但不一定是与财务相关的。

利用管理控制系统获得对新议程的组织忠诚

> 这里的文化一直是"如果你制定了财务目标，就不会考虑战略目标"。我现在明确表示，即使你达到了预算目标，但如果你不实现战略目标，你还是会受到惩罚。

一个组织不愿意执行一个新的战略，可能对试图实现战略转变的管理者来说是一个严重的潜在障碍（Greiner and Bhambri, 1989）。为了确保新议程的执行，四位管理者都改变了关键下属的薪酬和激励制度。下属管理者的基本工资大幅增加，部分原因是为了确保新雇用的管理者（往往以较高的工资水平雇用）与现有管理者的工资齐平。关键下属的奖金也有所增加，但奖金激励和与新战略相关的关键绩效指标有明确的联系。目标与关键绩效变量相关，包括进入新市场、增加客户、开设新店，而不仅仅是财务上的成功。风险-回报关系也被改变，以便表现好的人得到相对更多的回报，而表现差的人得到相对较少的回报。

奖金报酬的很大一部分（通常为50%）从定量的、基于公式的衡量标准转变为对实现个人目标努力程度的主观评价。奖金的主观部分完全由四位管理者决定分配。通过使奖金具有主观性，对每个下属的奖金支付取决于管理者关于个人对新战略的贡献、努力和承诺的评估。四位管理者通过做出这些改变，试图吸引下属的注意和对组织的忠诚。

利用管理控制系统关注战略不确定性

在接下来的 12 个月中，四位管理者所面临的挑战都发生了变化。到那时，上级和组织高层的支持已经到位，不能或不愿意执行新议程的下级已经离开。此时，每一位管理者都开始专注于如何能更深入理解需要什么条件，才能实现所承诺的战略目标。

四位管理者都对一个控制系统给予关注，因此，这个系统变得交互性很强。每个高层管理者选择的控制系统都将组织的注意力集中在与该管理者的未来愿景相关的战略不确定性因素上。那家保健品厂建立的交互利润计划系统说明了其他管理者所遵循的过程。

上一任管理者使用了一个交互品牌收入预算系统，将注意力集中在与推销成熟品牌消费品相关的不确定性上。每周报告涵盖详细且按类别和地区分类的全球市场份额和出货数据，它被用来在整个组织中促进关于了解如何定价、促销和包装的讨论和对话，以获得竞争优势。

新任管理者希望在公司的产品供应和营销计划中进一步创新，并希望改变以前成熟的产品市场战略。该管理者希望业务经理以交互方式使用新的利润计划系统，以促进对市场状况、竞争对手行为、品牌盈利能力以及产品线延伸和新产品引进的时间和效果的深入了解。为了使重点的转移明显一些，尽管管理者希望发件人监控份额和发货量，但他还是将每周品牌收入预算报告返回给发件人并注明他不再希望收到这些报告以供审查。管理者和他的新首席财务官在顾问的帮助下，安装了一个新的利润计划系统，要求管理者监控品牌的盈利能力，并就如何增加市场机会提出建议。

在新制度下，每个品牌的盈利能力每月都会从组织底层到高层进行修订和讨论。通过与业务经理的面对面会议，高层管理者和执行委员会将注意力集中在新利润计划系统的数据上，从而在整个组织中发出了一个明确的信号，即组织应收集哪些战略不确定性数据并做出反应。讨论的重点是投资和引进新产品、拓展生产线以及进入新市场所需的策略等问题。

这一类里从事其他业务的管理者也采取了类似的行动。银行的管理者设立了一个交互控制系统，每六周更新一次，监测目标市场的客户增长和每名客户的收入。食品加工厂安装了一个交互品牌收入预算系统，每周重新预测预期增长和产量目标。陷入危机的计算机制造商的管理者使多个系统相互作用。在上述每一种情况下，新的交互控制系统都允许高层管理者将组织的注意力集中在与其新战略相关的战略不确定性因素上。表 6-4 总结了交互控制系统和战略不确定性。

表 6-4　高层管理者在上任第二年使用的交互控制系统

	新战略	新交互控制系统	战略不确定性
银行	利基战略主要针对富人和他们在世界各地的业务	客户收入预算	要求谨慎和特殊服务的潜在顾客如何看待银行及其服务？
食品加工厂	创新营销以拓展国际市场	品牌收入预算	我们如何应对不同国家不断变化的顾客口味和购买模式？
保健品厂	创新以生产新产品	利润计划	如何改变我们狭隘的品牌特许经营权的价值等式以支持进入新市场？
计算机制造商	专注于带来增值的后端办公网络	多种	企业怎么生存下去？

战略和控制系统的修订

在通过交互控制系统产生的讨论和对话的基础上，新战略出现了。在管理者任职的第二年，四位管理者都完善和加强了他们制定的愿景、战略和正式的控制系统。例如，战略的变化包括承认某些分销网点的新作用、进行更好的市场细分、推出新产品、出售外围业务以及宣布打算扩展到新的地域市场。上述许多变化都来源于交互控制过程。其中三家公司的管理者举行了第二轮愿景会议，根据战略调整来重申和完善愿景。例如，食品加工厂在几个测试市场上成功测试了这一想法后，在其使命陈述中增加了一个新的产品类别。其中有两家公司在这一阶段重新发布了价值宣言。

根据上一年的业绩和经验，管理者对诊断衡量系统进行了修改。增加了额外的衡量指标类别，如增加了质量指标，完善和精简预算程序，安装或整合新系统，测试执行信息系统和关系数据库，安装标准成本系统，调整目标。在整个期间，四位管理者都使用了新建立的诊断控制系统，以证明他们在实现关键绩效指标目标方面取得的进展。

因此，这四种控制手段有效地帮助管理者应对克服组织惰性、构建和传达绩效预期及获得组织对新议程的忠诚等重大挑战。从长远来看，这些系统将注意力集中在战略不确定性上，并促成了新战略举措的出现。

第二类：战略改进

> 如果你接手的是一个成功的企业，那就更难变革。你必须让他们知道你钦佩和欣赏过去的成功并了解取得成功的要素。但你必须建立变革流程，这样他们才能得出变革是必要的结论。
>
> ——布朗宁-菲利斯工业公司（Browning-Ferris Industries）首席执行官威廉·D. 鲁克尔休斯（William D. Ruckelshaus，1992）

与四位试图实现战略转变的管理者不同的是，这项研究中有六位管理者接管了成功的企业。有的是接替退休的前任，有的是填补前任意外死亡造成的空缺，还有的是原公司被收购后被新母公司任命，等等。这些管理者没有得到明确的变革授权；他们的任务是把盈利增长继续保持下去。

在某些方面，这些管理者面临着比其他四位管理者更艰巨的任务。因为他们的前任都是成功的，这些新任管理者不能公开批评前任或前任的战略。因此，没有任何戏剧性的方式来号召变革。然而，每一位管理者都认识到，如果企业要在快速变化的产品市场面前继续盈利增长，变革和战略更新是必要的。

六位管理者都打算继续保持公司业务的基本轨迹，但将战略转向他们认为对未来十年竞争中取得成功至关重要的方向。与第一类对战略进行根本变革的四位管理者一样，这六位管理者中有四位在任职的前三个月进行了深入的经济分析，以了解企业的优势和劣势。六家公司中有三家聘请了战略咨询公司进行具体项目分析。

对于这类管理者来说，个人背景对于确定战略更新的主题非常重要。他们中有三位管理者从本组织内部晋升，另外三人从外部招聘。罐头生产商按照以前的采购经验，希望通过长期的上游合同和市场联盟来确保供应业务。名牌消费品公司的管理者曾担任一家国际子公司的总裁，他希望将国内产品线推向国际市场，并将重点放在技术上。纸制品生产厂的管理者曾是一家小型、倍受尊敬的利基纸业公司的首席执行官，他希望在自己的新公司中关注客户需要和营销重点。在高科技领域崭露头角的机械厂计划引入更多的研发重点，以生产更多技术含量高的产品。电力公司管理者希望节约和环境问题成为该组织新战略的基石。而零售商的管理者表示,希望在企业三个不同部门之间建立协同效应。

在任期的前 12 个月,这些管理者意识到了三个紧迫的需求:

- 使组织对当前的绩效感到不满意。
- 在组织内推行战略革新的新议程。
- 检查以确保议程的改变保证了新战略的实施。

正式控制系统的使用在满足这三个需求方面发挥了作用。

利用管理控制系统使组织对当前绩效感到不满意

> 我正在引入一种新的通用术语,重点反映利润增长、现金流、占用资本回报率。我设定的目标值是 19% 的占用资本回报率和 9% 的资产增长率。如果一项业务无法实现这些目标值,我会质疑为什么要给该项业务提供资金。

这六位管理者在任期一开始都是通过演讲、时事通讯和视听材料来传达他们战略更新的议程。由于新的战略主题已经向组织阐明,因此每位管理者在更严格的层面上制定了新的财务控制目标值。

目标值主要针对一些会计变量如盈利能力、资产利用率、收入或盈余增长以及营运资本等。虽然以会计为基础的目标值与商业战略没有直接关系,但这些目标值设定的标准很高,与以前相比业绩水平有了显著提高。这一行动大大提高了绩效预期，从而使员工克服了自满情绪，产生了紧迫感。

六位管理者都通过使用激励性薪酬来增强紧迫感。激励性薪酬被调整以便将注意力集中在诊断控制系统的目标上，并根据与控制系统衡量的绩效相关的公式进行支付。绩效决定奖金，而不是努力决定奖金。每家公司新的量化目标都与会计指标有关，如资本回报率、资产增长、收入增长和营业利润。在一家根据管理者对业绩的主观评价发放奖金的公司，新任管理者改变了计算公式，使75%的奖金基于实现量化目标，25%的奖金基于实现个人目标。激励性薪酬的短期、定性部分与支持新战略举措的个人目标有关，例如安排新合同、引进技术、进入新市场。

这六家公司中有两家公司的激励规则明确地对行业竞争对手的绩效进行了校准。其中一家公司决定，除非公司的股本回报率排在行业的前一半，否则不发放奖金；另一家公司决定，绩效目标是参照行业领导者制定的。在这六家公司中，奖金公式都根据长时间的表现进行了修改。支付额不仅基于本年度的财务业绩，而且基于较长时期（通常为三年）的财务业绩。例如，有一家公司建立了一个基于占用资本回报率和资产增长率的公式，用三年移动平均数为前100名的管理者分配奖金。

与第一类中的管理者一样，这六位管理者对于能够使用充分的诊断控制系统来监控绩效目标非常重视。这六家公司中有四家已经有了强大的诊断控制系统，因此无须对系统进行进一步的投资。然而，在剩下的两家公司中，诊断控制系统并不完善。其中一家公司的管理者聘请了一位新的首席财务官，并指派他建立新的财务指标系统。而另一家公司的管理者聘请专业顾问来建立新的财务系统。

这些变革不仅提高了预期目标，而且促使组织成员思考运用哪些项目和策略可以达到预期目标。整个组织的成员都意识到，仅仅维持现状的做法无法提高财务绩效，只有提高财务绩效才能拿到奖金。

利用管理控制系统推行战略革新的新议程

> 这家公司经营得很好，但我不喜欢他们的战略。因此，我将他们找来开会，讨论了一周的战略问题。我们列出了八个战略上的优先事项。其中一个就是扔掉现有的商业计划，在60天内向我提交一份新的计划书。

管理者进行战略革新的主要挑战，是培训组织对战略议程予以鼓励和支持。这六位新任管理者同时使用正式和非正式的方式进行了相关计划的普及。所谓非正式的方式，就是不断讨论新的战略构想。而正式的手段就是，每位管理者都发布正式的计划指导方针，来传达战略议程。

除了一家企业，其他企业都有基本的诊断计划系统，比如商业计划和利润计划。然而，每个管理者都对计划进行了改变或扩充，使得计划流程更有侧重点，也更加正式。典型的改变包括引入新的计划流程（如资本预算编制、战略计划、技术计划），将计划期限延长几年，更加重视整体产品市场战略而不再过分关注财务细节。除此之外，只有一家公司是管理者引入外部咨询人员来设计和实现基本的诊断系统。

每位管理者都使用修订后的计划流程来推行战略革新计划。计划指导方针要求下属直接向管理者提出与新战略主题有关的行动计划。例如，某公司的管理者要求下属提供一份"路线图"，来详细说明未来五年他们将如何在业务中引入新技术。其他管理者也要求下属详细阐明他们会如何支持将要实施的战略议程。

利用管理控制系统对组织进行检查

我正在做的一个改革是要求公司的管理者在10月1日之前准备一份初步计划。去年，我让他们制订非常详细的计划，他们花了大量时间做分析和搜集数据。但是，当他们向我展示这个计划时，我认为它完全不够充分，并把整个计划晾一边了。这让我非常沮丧。今年，我再次要求他们准备一份初步计划，说明他们打算采用的战略方向。这样做的关键是检查他们是否理解新的战略，是否掌握了业务情况，以及对财务情况的判断。如果某个人的计划偏离目标，通过这种方式我可以找到个人，单独进行讨论，看看需要做什么来改变，让我更容易接受这份计划。

刚开始尝试制订年度计划时，下属提交的许多计划都因内容不充分而被否决或被退回重新修改。在这些情形中，下属们未能识别新的战略构想来响应管理者的战略变革计划。这六家公司的诊断控制程序后来进行了改革,使管理者可以对下属进行检查,以确定战略变革的主题是否纳入其执行计划。这些检查可能会触及下属的痛点———一位管理者将这个过程描述为"流汗的运动"。检查作为高质量的培训的催化剂,可以促进下属进一步了解和掌握计划的实质,以及如何实施计划。如果下属未能制定使这六位管理者满意的战略议程,管理者会一个接一个地找他们进行面谈和检查,他们会反复解释为什么下属提交的计划不充分,以及需要哪些额外的举措。管理者也使用这个过程来确定哪些下属有能力根据其想法进行战略变革。

当我意识到如果我让他们制订计划,只能得到很多无意义的数字后,我自己起草了一份战略计划。我把计划交给了他们,让他们修改后重新提交给我。接下来我再进行修改。这样反复了四次。我们花了三个月的时间就这份反映我们最终目标的计划达成了一致意见。在这个过程中,我们经历了许多困难,最终完成了一份八页的计划文件,我对此非常满意。

到第二个年度计划周期时,流程和内容都已改进。新任管理者改变了相关流程,要求在制订详细计划之前制订简要的初步计划。这样可以更有效地检查下属提出的总体行动方向。计划的内容也随着组织明了何种提议有利于新议程的执行而得到改进。因此,在第二个年度计划周期,下属更容易通过检查。

通过强化目标的制定,可以使得达到绩效预期目标的压力接近极限，特别是当下属知道管理者正在评估他们的潜力，而且奖金的多少与评估结果挂钩的时候。在研究期间，六家公司中有两家的下属被发现操纵财务数据以提高报告的经营业绩。其中一家公司深受其害，因为其库存量和降价决策是基于不准确的数据做出的。在这两个案例中，涉及的管理人员都被解雇了，并立即实施了新的边界控制系统。其中一家公司颁布了新政策（"调查员工的欺诈或不当行为"），并设立了一个新职位（监察专员），更是对各部门控制人员提出了新的报告要求。另一家公司实施了新的程序，增加了审计人员，并改变了报告关系。正如一位管理者所说："有些事情是绝对不能容忍的。不能为了目的不择手段。"

利用管理控制系统关注战略不确定性

> 我每天查看零售业务的相对销售量，每周查看其他业务的相对销售量。在零售业务上，一天之内就可能损失100万美元。我用"相对销售量"作为一种衡量标准，来评估各个业务板块的情况。它能让我很快知道某个业务板块在走上坡路还是下坡路。更重要的是，这些信息可以在整个组织内作为一种催化剂，促使成员摆脱部门的限制，了解当前的局势。

在研究的第二年，第二类管理者所面临的挑战发生了变化。公司对绩效的期望已经提高，组织开始认识到有必要将战略变革的主题纳入行动计划。在战略变革的第二年里，这些管理者的担忧与那些试图进行革命性转型的管理者类似。因此，所有管理者都开始关注交互控制系统，使得组织了解和掌握与新战略议程相关的战略不确定性。在这一过程中可能出现新的战略。有两位管理者专注于与新产品和市场的开发相关的战略不确定性。他们交互使用利润计划系统。一位管理者担心产品技术的根本性变化会削弱公司提供低成本产品的能力；另一位管理者关注的是利用专有技术进入新市场。两位管理者都专注于分析当前和潜在技术产品属性的项目管理系统。由于处在政府半调控之下的市场环境，因此电力公司通过交互智能系统集中监测社会和政治环境的变化。第五位管理者将注意力集中在一个交互品牌收入预算系统上，该系统提供每日和每周的产销量统计数据。利用这个系统可以了解价格、包装等对客户购买模式的影响。

相对成功

这十位管理者采取的行动在多大程度上是适当的，从而能比较明显地改善绩效？虽然本研究的管理过程变量与企业绩效之间应该存在一定的联系，但组织和环境变量所起的干扰作用，使得绩效关系的衡量极为困难。管理过程的一些选择是十分微妙的，管理者选择的战略的实质和公司过去的资源分配承诺都是决定成功与否的重要因素（Porter，1980，1985；Ghemawat，1991）。

虽然经济表现的影响不容易衡量，但可以从其他方面对管理效能加以审查。第二类中管理者的管理效能无明显差异。在这项研究进行的 18 个月里，所有管理者似乎都获得了支持，并实施了预期的改变。然而，在第一类中，管理者的成功情况存在一些差异。十位管理者都有战略变革或革新的愿景。然而，只有管理者表明通过定期亲自参与信仰控制系统、边界控制系统、诊断控制系统和交互控制系统来全力改革，才能获得支持。除两位管理者外，他们似乎都能够对这些过程给予足够的注意，以表明他们的决心。

在他们任期的第二年，有两位管理者（都在注意力要求比较高的第一类）被下属认为对关键流程不够注意。结果，组织对这两位管理者所提倡的战略变革的承诺逐渐减少。也许是巧合，其中一位管理者在本研究完成后不久辞职，成为另一家公司的首席执行官；另一位则被改任为非运营职位的董事长，让位于一位更年轻的继任者。然而，这两位管理者的战略变革尝试不能被视为失败，因为他们的继任者都继续了他们制定的基本战略。

研究结束时，十位管理者都依然在职，并指导着他们公司的业务。然而，研究完成一年后，只有七位管理者仍然在职。除了上面提到的两位，第三位管理者由于兼并被免职，并被安排接管同一公司的另一项业务。

管理者行为分析

我已经成为运用正式过程和系统驱动行为方面的专家。我认为最好的管理者对这些过程及其作用都非常敏感。

由于样本中的十位管理者都是颇有成就的高层人员，聘用或提升他们根据的是他们实实在在的工作经历，因此他们使用管理控制系统的方式一致不足为奇。表6-5是所有管理者所采取的行动的摘要。无论他们的任务是什么，两类新任管理者都使用控制系统来克服组织惰性，传达新议程的实质内容，制定执行战略的时间表和目标，通过激励措施确保对新战略的持续关注，使组织了解和掌握与未来愿景相关的战略不确定性。

表6-5　新任高层管理者使用控制杠杆总结

目的	第一类：战略转变管理者	第二类：战略改进管理者
第一年（前12个月）		
1. 克服组织惰性	正式制定和传达战略边界	运用诊断控制系统使得： • 奖金与财务目标挂钩 • 提高财务目标最低绩效标准
2. 传达新议程的实质内容	正式制定并采用新的使命陈述（信仰控制系统）传达新战略；运用诊断控制系统向上级汇报	为下属确定计划指导方针，指出新的战略构想的要点
3. 制定执行战略的时间表和目标	根据对上级的承诺为下属制定问责制目标；把诊断控制系统与关键绩效指标关联起来	运用诊断控制系统推广和检查新的行动方案；把诊断控制系统与关键绩效指标关联起来
4. 通过激励措施确保对新战略的持续关注	基于对是否忠实执行新战略的主观判断，改变奖金激励措施	基于与新的、更高的财务目标挂钩，改变奖金激励措施

续表

目的	第一类：战略转变管理者	第二类：战略改进管理者
第二年（之后 12 个月）		
5. 使组织了解和掌握与未来愿景相关的战略不确定性	开始交互运用控制系统指明优先事项并进行讨论和对话	开始交互运用控制系统指明优先事项并进行讨论和对话

这些行动有助于划定战略领域，实施预期战略，并引导新的战略行动计划的产生。在加巴罗对 14 名利润中心新任管理者的研究中，新的管理者在第一年对信息和控制系统的改变程度成为最重要的发现之一：

> 当一个新的管理者的初步评估表明现有系统不足以产生评估绩效或诊断问题所需的信息时，通常他采取的措施是对提供信息的系统进行更改（或在某些情况下建立一个新系统）。在最初的 3～6 个月，除了一个例外，所有的系统都发生了变化。(Gabarro, 1987, 77)

本章的数据证实了正式管理系统作为变革杠杆的重要性，并建议管理者始终如一地、积极地使用这些杠杆来控制商业战略。

两类管理者都意识到有必要打破旧的行为模式和组织惰性。[①] 进行革命性战略转变的管理者可以公开宣布过去的战略失败，并利用战略边界和新的正式的信仰控制系统来设定新的行动路线。然而，接管成功企业的管理者不能批评过去的战略

[①] 请参见佩蒂格鲁（Pettigrew, 1985, 462-463）对这一现象进行的详细讨论。

以促进战略变革。相反,他们不得不依赖苛刻的财务目标,通过诊断控制系统来管理,以产生一种紧迫感,让大家意识到按照以前的做法达不到要求。

类似地,两类管理者都改变了激励机制,但方式不同。第一类管理者在上任的第一年,采用了具有主观性的激励措施,试图使大家忠于新战略。第二类中那些试图进行战略改进的管理者将奖金与财务指标联系起来。下属们被迫重新思考这些苛刻的财务目标如何实现。这一发现强调了激励措施在促进大家注意力集中方面的重要作用。我在第5章中指出,交互控制系统要利用主观奖励对员工贡献大小进行评定和激励;当需要大家忠于新的管理团队时,管理者似乎也会使用主观奖励。如第4章所述,基于公式的激励被用于创建影响行为模式所必需的弹性目标。

计划系统,是用于实施战略的诊断控制系统,也是沟通和实施议程的重要组成部分。在第二类中,管理者使用这些系统来推广和检查新议程。其他研究表明,希望改变组织方向的管理者可以利用目标来创造挑战,并打破现有的行动模式(Quinn,1977)。一些学者将组织领导者比作教师,但他们倾向于将教师视为促进者和教练(Senge,1990)。他们发挥的检查和问责的重要作用常常被忽视。

在两类管理者中,管理控制系统的应用取得了进展,通过将不同的阶段与系统性尝试相关联来促进学习和遗忘。在第一类中,边界控制系统促进了对旧行为模式的遗忘,这是改变的必要条件。信仰控制系统被用来为随后的变化提供一个新的参考框架。诊断控制系统的变化将组织的注意力集中在支持新战略实施的关键绩效指标上。最后,交互控制系统的引入为产生对话、讨论和学习提供了一种正式的方式,这使得新的战略行动计划得以出现。

管理控制系统在建立信誉和向不同的组成部分推行新战略方面也显得至关重要。为了有效地实施战略,汉布里克和卡尼拉认为管理者必须"向所有相关的人一而再再而三地推销战略——上上下下、里里外外地推行"(Hambrick and Cannella,1989,278)。这两类新任管理者都使用相同的方法,运用管理控制系统目标在上级和下级之间传达行动方向和建立信誉。

小结

管理控制系统是战略变革和革新的关键杠杆。随着组织的成长,这些系统可以响应组织的信息和控制需求。但这些杠杆不是静态的、一成不变的,它们能够以多种方式在不同的战略背景下适用于各个管理者的战略议程。

本章对高层管理者在控制组织和实现商业战略时所使用的流程进行了粗略的介绍。有些技术较为复杂,有些较为简单。所有这些在节省注意力和专注于机会寻求行为上都发挥着重要作用。

| 第 7 章 |

战略控制的动态平衡

前面几章我们描述了一些基本的假定,讲述控制杠杆,并进一步阐述了高层管理者如何使用这些杠杆来推动管理变革。在讨论每一种控制杠杆时,我们尽可能凸显其独有的特点和属性。至此,我们已对所有的控制杠杆分别进行了讨论,但有一点需要特别说明:对商业战略的控制是通过整合信仰控制系统、边界控制系统、诊断控制系统和交互控制系统来实现的。控制杠杆不是依靠单独使用某个控制系统来发挥作用,而是通过这几种控制系统的相互补充来综合发挥作用。这些系统产生的积极和消极作用相互影响,在推进创新和实现预期目标之间建立起一种动态平衡关系,而这正是实现盈利增长所必需的。

现在我们可以用这四种控制杠杆搭建起一个框架,反映第2章讨论过的主要制约关系,即无限的机会与有限的注意力,既定战略与涌现战略,以及关注个人利益与做贡献的愿望。

利用控制杠杆指导战略

在开始讨论这些系统的动态平衡之前,我们必须先回顾一下战略过程的本质。如第 1 章所述，战略可以描述为一个计划、一种行为模式、一种产品的市场定位或一种独特的观点。而且，任何控制理论都必须关注既定战略与涌现战略之间的差别。要使提出的战略控制理论对这些不同类型的战略都能够起作用，是一大挑战。

为了便于分析，我们先简单讨论一下既定战略、涌现战略和实际战略之间的区别（Mintzberg，1978）。这一区别对于理解正式系统如何控制商业战略是非常重要的（见图 7-1）。

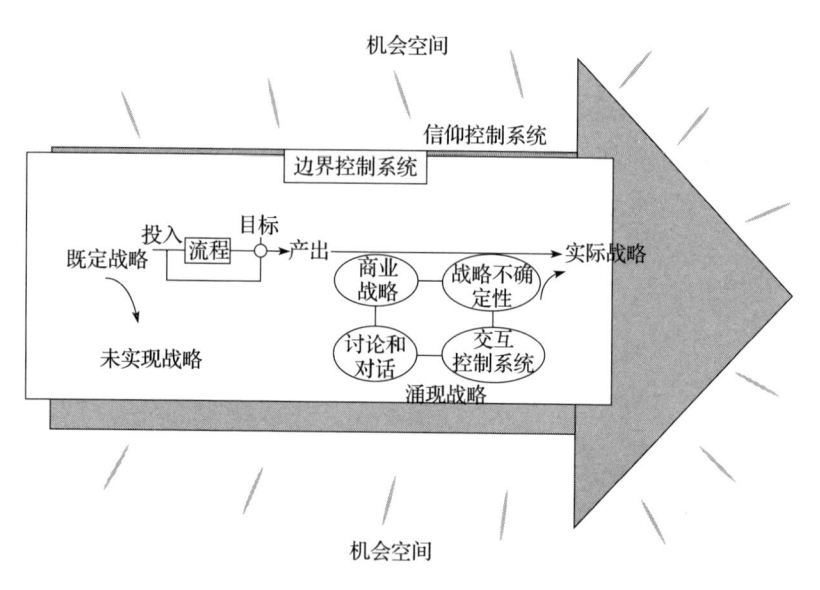

图 7-1　控制杠杆与实际战略之间的关系

实际战略是成功的既定战略与涌现战略两者的结合。实际战略表现为公司已经取得的成绩，并且这些成绩能够被留意公司经营状况的商业媒体以及与公司打交道的客户和竞争对手等所观察到。

正如第3章所述，诊断控制系统协调并监控既定战略的实施。正式计划中规定的各种目标体现了管理层的既定战略。因此，诊断控制系统适用于作为计划的战略。这些控制系统是把既定战略转化为实际战略的必要管理工具，因为这些控制系统关注公司和员工目标的实现。从公司层面来说，任何战略都是影响融资、营销、生产、分销和政府关系等的战略的总和。诊断控制系统旨在使发挥不同作用的各种战略达成一致，最终形成实际战略。从员工层面来说，诊断控制系统为员工指定工作重点、资源和目标，以满足他们希望获得成就和得到认可的内在愿望。

但是，有些既定战略可能无法实现：目标可能设定不当或者环境可能发生了变化，使得该目标无法实现或不再需要实现。也有一些战略因为意外障碍或资源不足而从未被实施过。对大型组织的管理者来说，只有利用诊断控制系统对既定战略进行监控，衡量经营成果，并与预先制定的计划和目标进行比较，才能确定既定战略是否得到实现。

管理者可以利用交互控制系统来影响那些可能导致涌现战略产生的创新行为和机会寻求行为。因此，交互控制系统能够促进和影响涌现战略的产生，适用于作为行为模式的战略。从公司层面来看，即使没有制定正式的计划和目标，管理者也能够利用这些系统确保公司上下在实施战略的过程中保持一致，并对创造性的研究活动予以指导。管理者可以把战术性的日常行动和创造性的尝试融合成应对战略不确定性的行为模式，最终形成实际战略。

从个人层面来看，交互控制系统有助于满足创新和创造的内在愿望，鼓励试验并为其提供机会，奖励创造性思维。

组织的信仰控制系统既激发既定战略，又激发涌现战略。管理层的愿景体现在使命陈述和相关系统中，激发成员为完成组织总体使命去寻找和创造机会。信仰控制系统顺应组织成员的内在愿望，激发他们为完成组织目标做出贡献，适用于作为观点的战略。信仰控制系统为既定战略和涌现战略相互融合提供方向和动力，为个人寻找机会提供指导和灵感。

很多情况下，在进行战略分析时，最困难的部分在于确定你不需要什么和不要在哪方面参与竞争。边界控制系统确保实际战略维持在可接受的活动范围内。边界控制系统适用于作为定位的战略，确保公司在确定好的产品市场上开展业务活动并使其处于可接受的风险水平。边界控制系统对核心价值观、战略和经营范围进行限定，从而缩小机会空间并限制寻找机会的行为，如果没有边界控制系统，一些创造性的寻找机会行为和试验行为就可能浪费公司资源。边界控制系统还明确规定了划定的范围以外的行为所造成的损失应由员工本人承担。表7-1对四种控制杠杆与战略的关系进行了总结。

表7-1 四种控制杠杆与战略的关系

控制系统	目的	所沟通的内容	所控制战略的作用
信仰控制系统	授权和开展探索活动	愿景	观点
边界控制系统	限定自主活动的范围	战略领域	竞争定位
诊断控制系统	对既定战略的实施进行协调和监控	计划和目标	计划
交互控制系统	促进和引导涌现战略的产生	战略不确定性	行为模式

战略控制不是通过某种新的、独特的系统来实现控制的，而是通过信仰控制系统、边界控制系统、诊断控制系统和交互控制系统共同发挥作用，对既定战略的实施和涌现战略的形成进行控制。这些系统分别发挥激励、衡量、学习和控制的作用，从而使组织有效地实现目标、创造性地适应竞争环境并获得利润增长。如图7-2所示，每个系统在控制战略的过程中都发挥着不同的作用。

信仰控制系统赋予员工权力，并增强了组织寻找机会的能力。边界控制系统确立了竞争规则。信仰控制系统和边界控制系统共同为组织确定了战略领域。诊断控制系统使组织上下的注意力集中在既定战略的实施上。最后，交互控制系统促进和引导可能产生涌现战略的机会寻求行为。诊断控制系统和交互控制系统共同指导战略的制定和实施。

如前所述，这四种控制系统相互嵌套：每一种系统均提供某种对战略过程进行引导或控制的办法，但是每种系统的使用

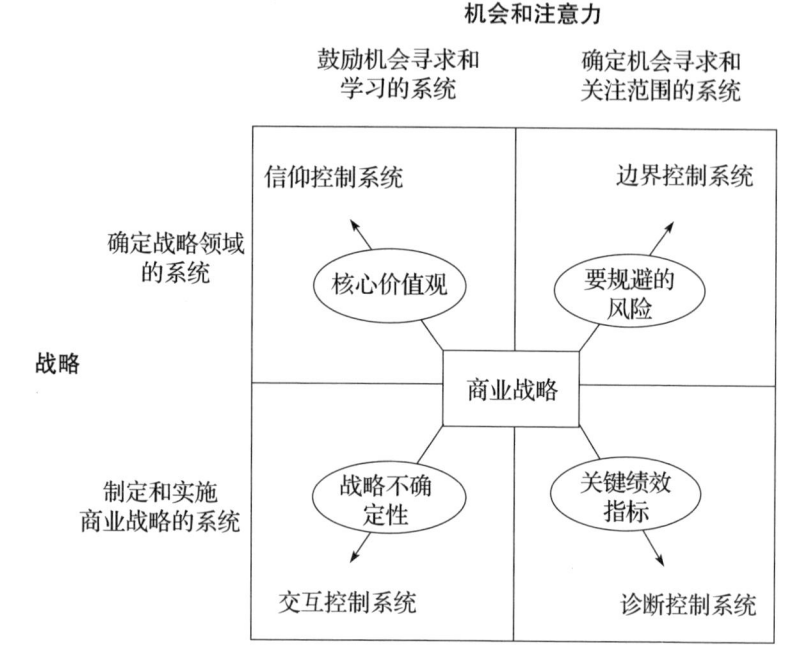

图 7-2 控制杠杆与战略、机会和注意力之间的关系

方法不同，目的也不一样。这些不同的使用方法对于通过利用有限的管理者注意力获得最大的管理回报率来说非常关键。交互控制系统需要管理者持续深入的参与；诊断控制系统需要管理者定期或例外情况时参与；信仰控制系统和边界控制系统只要求管理者与下级进行足够的交流，确保组织的核心价值观和规则得到充分理解。诊断控制系统可以节省管理层的注意力，而交互控制系统增强管理层的注意力。职能部门对最大化管理回报率发挥着重要作用，因为能够弥补管理层注意力的不足，或许更为重要的是，能够弥补管理层的疏忽。比如，职能部门

能够向公司员工传达和解释信仰控制系统,能推进交互控制系统的使用,能作为诊断控制系统需要的技术专家、把关人和执行人,能作为边界控制系统的警卫。

各种力量的动态平衡

控制战略的动态能量来自这些系统之间和系统内部的制约关系(见图7-3)。

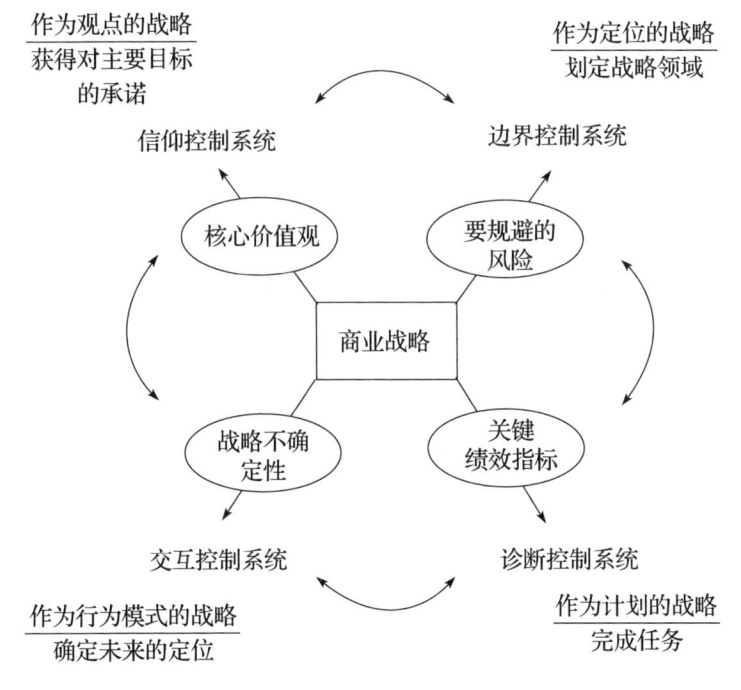

图7-3 动态关系

其中有两种控制系统激励组织成员创造性地寻找和探索机

会空间，这两种系统属于积极系统，也就是中国哲学思想中所谓的"阳"。另外两种系统对探索行为进行约束，以便恰当分配有限的注意力，这两种系统属于消极系统，也就是中国哲学思想中所谓的"阴"。信仰控制系统和交互控制系统通过创造积极的信息环境，鼓励组织成员共享信息和积极学习，从而使组织成员产生一种内在的动力（Deci and Ryan，1985，96）。边界控制系统和诊断控制系统通过提供公式化的奖励和界定寻找机会的范围，来创造一种来自外部的动力。

当创新与实现预期目标之间的制约关系得到正确处理，最终实现利润增长时，就实现了战略控制。这种制约关系表明，一个高效的组织必须同时兼顾创新与控制，两者缺一不可。这一观点与劳伦斯和戴尔的见解类似，他们发现组织要想适应竞争环境，必须同时追求高效率和高水平的创新。

> 在全球一个又一个行业中，竞争者们证明了一点，那就是企业要想保持领导者地位，必须保证组织既高效又创新……但效率与创新很难协调。从短期来看，这两个绩效目标可能互相阻碍。例如，产生于研发实验室的创新对保持目前的生产效率是一种妨碍，而一项旨在提高效率、降低成本的努力无疑会削减用于创新的预算。这种制约关系通常表现为长期策略和短期策略之间的斗争，以及为激发创造力所必需的宽松与控制所必需的严格之间的斗争。我们把组织不断在效率与创新间寻求协调的过程称为再适应过程……这个再适应过程要想持续下去，组织成员就需要

为创新而学习，为提高效率而不断奋斗……

要想使组织的全体成员都参与再适应过程，为创新而学习、为提高效率而奋斗，就必须满足几个内部条件。首先，组织必须清楚地、系统地向全体成员传达组织的目标和期望，有关组织战略、组织结构和行动准则等原则性的问题尽可能不要模棱两可。简而言之，再适应过程取决于使组织的全体成员明确了解组织的总体目标、道德标准和公司的经营法则，并始终如一地强调效率与创新的重要性。(Lawrence and Dyer, 1983, 8-10)

前面讨论过的正式系统能够协调创新与效率之间的制约关系。四种控制系统既能实施控制又能促进学习，且它们同时发挥作用。边界控制系统在控制和确立边界方面发挥着重要作用。但是，边界控制系统也能促进学习，因为过去犯过的错误以及竞争对手采取的战术行动督促管理人员调整道德准则和战略边界。诊断控制系统显然强调控制和效率，但制定目标、衡量产出、纠正偏差和发放奖励都能促进创新与学习。这种学习主要是一种单循环学习，但偶尔也能出现双循环学习的情况（Argyris and Schön, 1978, 18-20）。交互控制系统也能发挥控制和促进学习的作用，高层管理者往往将交互控制过程用作一种催化剂，促使组织监控不断变化的市场，并引发对数据、假设和行动计划的讨论，从而促进学习和创新。随着时间的推移，由交互控制系统产生的信息和学习成果会在由诊断控制系统监控的商业战略和公司目标中体现出来。

不仅这四种控制系统各自的激励因素相互影响,而且每个系统内部所存在的各种激励因素之间也存在制约关系。例如,边界控制系统既通过由惩罚带来的直接威胁来发挥作用,又通过组织成员对做正确的事的内在愿望来发挥作用。诊断控制系统的激励作用既通过物质奖励来实现,又通过希望受到他人赏识的内在愿望来实现。交互控制系统既通过高层管理者的亲自介入来发挥作用,又依靠组织成员对创新的内在愿望来发挥作用。

无论何时,对任何组织成员来说,对抗性的力量都在发挥作用。因此,这四种控制系统是相辅相成的。学习与控制、引导与禁止、激励与强制、奖励与惩罚之间产生的制约关系形成"阴"和"阳"这两种不断消长的正反力量,同时促进稳定与变革。总的来说,这些力量共同发挥作用,既影响个人特质,又对组织中存在的阻碍力量进行控制,这些在第 2 章曾经讨论过。

随着组织不断发展、经验逐渐丰富,这些力量在不断变化。高层管理者不定期地反复沟通和强化组织信念;年度计划流程重新定义战略边界,这些边界是以往未曾预料的;由交互控制系统触发的定期讨论产生了新议程和行动方案;新的衡量指标和奖金计划被设计出来,对不断变化的目标和战略的执行情况进行监控。

严格控制与宽松控制

多年来,采用严格控制还是宽松控制这一问题一直困扰着理论家们。严格控制意味着对个人自由度的严格限制,从而确保他将按照组织的意愿行事（Merchant，1985，第6章）。宽松控制意味着个人有很大的自主和自由。管理理论家们通常将"控制的松紧性"视为一个一元化的概念，可以向严格的方向倾斜，也可以向宽松的方向倾斜。

然而，面对组织同时使用严格控制和宽松控制的实际案例时，流行的管理学著作建议管理者使用具有"同时松紧"属性的控制（Peters and Waterman，1982，第12章）。这些建议表明这些作者对复杂组织中控制过程的本质缺乏理解。

书中构建的框架表明，只有根据控制杠杆的多种类型及其使用方式加以区分，"严格控制"的概念才有价值。在任何组织中，无论何时、在何种层面，管理者都会报告信仰控制系统、边界控制系统、诊断控制系统和交互控制系统的不同程度的"松紧性"。例如，高级经理简·史密斯（Jane Smith）可能会觉得她的预算目标很难实现，缺乏灵活性，而且要受到职能专家的密切监控。这些诊断控制是严格的，但除非重要目标未能实现，高层管理者只需要定期关注就可以了。

同时，项目管理系统在企业中的应用具有很强的交互性。因此，史密斯几乎每天都与上级、同事和下属进行互动，试图提供、理解和质疑系统中的信息，并根据这些信息采取行动。由于高层管理者和史密斯的直接上司经常会面，讨论系统生成的信息，生成建议和行动计划，并测试新想法，因此对她的想法和行动建议的审查非常严格。但是简·史密斯觉得在处理任务的方式上受到的约束比较小，并且有必要的话，可以根据更新的信息调整以前制定的目标。

最后,有明确的边界控制系统告诉史密斯应该遵守的行为标准,以及不应该在什么样的市场寻找机会。因为在她可以探索的领域仍然有很多机会,所以她感觉自己的探索行为并未受到什么约束。

为了了解管理良好的公司如何在其控制系统中兼具"宽松-严格"的特征,我们必须了解四个控制杠杆的性质和作用,来预测高层管理者何时、如何和为什么使用某一控制系统,以及这一选择对组织行为产生的影响。

平衡授权和控制

组织中的制约关系是贯穿本书的主题,如无限的机会与有限的注意力、自上而下与自下而上的战略、创新与按计划执行、学习与控制之间的制约关系。当前向组织成员"授权"的趋势又产生了其他的制约关系。

随着市场竞争的日益激烈和快速发展,管理者意识到他们必须将决策权下放到与客户接触的员工身上。授权给员工,即将决策权从组织的上一级转移到下一级,对于组织建立起对市场的快速反应来说是十分必要的。然而,与此同时,将决策权转移给下属也有危险。一家大型制药公司面临日益激烈的成本竞争,鼓励其中层管理者在与医院签订新的设备合同时,同时对顾客承担更大的责任。一些销售经理开始向医院免费提供昂贵的诊断仪器（从而响应医院节省稀缺的拨款的愿望），并签订了之后以高于市场价的价格购买机器耗用试剂的协议。不久，管理者改写合同条款以反映这些安排，但没有对合同的可执行性和可收回性予以足够的重视。结果是合同的应收账款损失了几百万美元。

大多数关于授权的文章都没有认识到授权之后需要更强大的控制。然而，所使用的控制系统必须在授权和控制之间达成平衡，使授权不会导致无法实施控制，相应地，控制也不会导致无法使用授予的权力。图7-4说明了如何在控制下，创建一个授权的、市场驱动的组织。

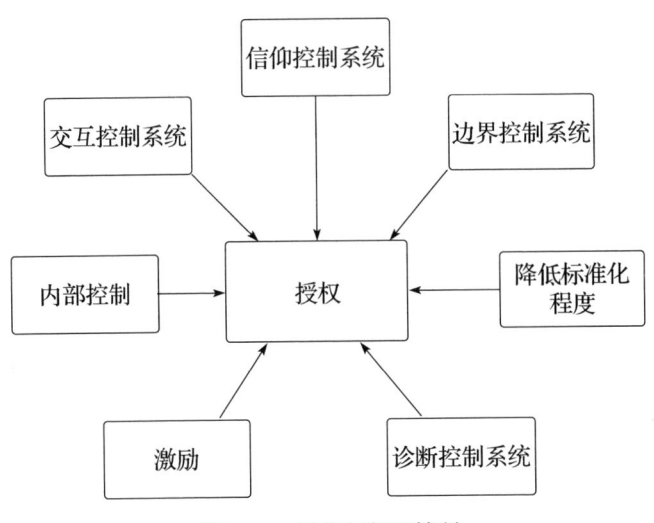

图7-4　平衡授权和控制

要真正实现有效的授权，不能仅仅将决策和资源在组织内下放几级。为了激发员工的创新潜力和有效地制定本地决策，还必须为下属提供信息和进行培训：掌握信息，以了解潜在的问题、机会和可用的资源；通过培训，可以学会使用所需的工具来有效地满足当地的需要。然而，即使有了信息和培训，如果没有以下控制措施，也无法做到有效授权。

信仰控制系统

组织成员必须清楚地了解组织的基本宗旨、价值观和方向，在这种背景之下，才能进行授权。在试图应对市场威胁和机遇的过程中，员工可以采取各种各样的行动，而高层管理者不可能预见他们设计的不寻常的解决方案。明确的原则和价值观以及对公司使命的清晰理解，是引导组织成员做出适当权衡的必要条件。

边界控制系统

尽管有决策上的授权，以及核心价值观和信念的有效沟通，机会寻求行为也不可能是不受限制的。授权并不意味着组织成员可以随心所欲。必须有明确的指导方针，说明应当禁止什么样的行为。这些指导方针应当由高层管理者来制定，他们必须定义什么样的行为可能对组织有潜在的危害，从而禁止员工采取这些行动。

降低标准化程度

通过详细的标准操作程序来控制投入和生产（或服务）过程的组织，不能对组织成员授权，来创造性地响应客户需求或设计改进的业务运营方案。为了向成员授权，这些组织必须审查长期以来的工作惯例和基本任务,以确保过度标准化不会限制创造的机会。必须大幅度减少工作准则、正式的指导方针和政策手册,特别是那些在战略实施中影响关键绩效指标的活动。诸如"训练"和"流程再造"之类的术语是流行的标签,是用来描述消除不适当的标准化水平时的常用词语。

诊断控制系统

授权并不意味着放弃控制,但它确实使得控制发生了一些改变。在缺乏对投入或生产过程的控制的情况下,成员必须对其产出或绩效负责。如果下属不能对绩效负责,他就不能获得授权。这时,能够衡量结果的诊断控制系统变得至关重要。这些系统让员工自己想办法调整投入和生产过程,以实现系统所需的产出(见图7-5)。

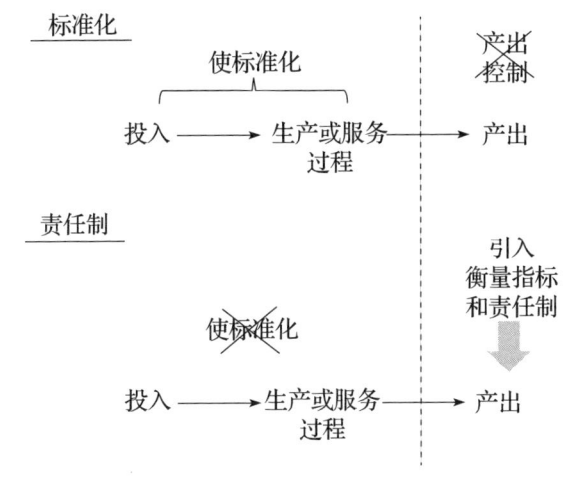

图7-5 控制的替代方法

尽管绩效指标必须根据整个组织中个人不同的任务进行调整，但对绩效进行衡量仍能产生一种压力，促使员工创新。此外，这些系统允许管理者评估既定战略的实现程度。

激励

在一个进行了授权的组织中，每位成员被要求承担更多的责任，同时，他们也承担更多的风险。因此，必须有承担风险的激励措施，以及对卓越绩效的奖励。奖励必须体现出这一新的责任，并尊重那些敢于接受挑战的人。奖励可以是经济性的，也可以是非经济性的（公众的认可和威望），但应该根据个人对企业使命的贡献来给予。

内部控制

内部控制通常以会计为基础，由会计师和内部审计师管理，提供程序性的核查和结算，以保护资产和确保数据的完整性。尽管这些控制在任何组织中都是必不可少的，但在那些给员工施加绩效压力、基于贡献大小给予奖励，同时减少对员工工作许多关键方面的标准化和程序控制的组织中，这些控制手段尤其重要。如果没有这些基本的内部控制，重大控制失误的风险将高得令人难以接受。

交互控制系统

交互控制系统提供了正式的信息渠道，方便员工在组织中进行横向、纵向的学习交流，从而充分利用员工的主动性。在由一系列指导性信念、减少工作准则、具有强烈的绩效预期以及对个人贡献的奖励所创造的领域内,可以进行大量的试验。交互控制系统有助于将注意力集中在战略不确定性领域,并帮助成员吸收和共享由此产生的新成果。

对管理者的建议

需要分析的关键战略变量

为了有效地实施战略,高层管理者必须对四个关键战略指标——核心价值观、要规避的风险、关键绩效指标、战略不确定性(见图7-6)有清晰的认识。这四个变量高度相互依赖。例如,核心价值观影响战略和关键绩效指标。核心价值观还定义了可接受的风险和战略不确定性。其他三个变量之间也存在同样的相关性。战略不确定性与核心价值观、要规避的风险和关键绩效指标相联系。为此,必须把这几种变量放在一起进行分析。孤立地分析一个或两个变量,无法对有效实施战略所必须控制的问题有一个全面的了解。

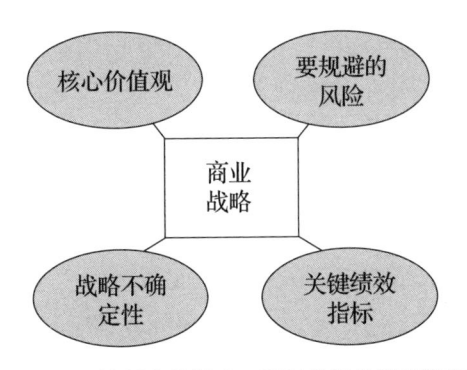

图7-6 控制商业战略:需要分析的战略指标

核心价值观

任何组织的核心价值观都植根于其历史、传统之中,也受现任高层管理者的价值观的影响。核心价值观创造的动力,既可以帮助也可以阻碍商业战略的实施。这些价值观是决定组织能力的起点。

管理者必须分析其公司的核心价值观,以了解它们在多大程度上符合既定的战略方向。多年来,IBM 的核心价值观与对复杂技术的掌握,以及针对大量客户大力开展营销活动有关。其创始人托马斯·J. 沃森,为全世界的 IBM 员工创造了一种自豪感(Watson,1963,1990)。20 世纪 90 年代,当 IBM 在不断变化的市场中努力重新定义自己时,仍然把这些价值观奉为应承担的责任。

信仰控制系统有助于强化或改变价值观。尽管它们只是与核心价值观相关的一系列复杂力量中的一个杠杆,却是高层管理者可以直接用来激励成员寻找机会的少数杠杆之一。然而,除非管理者了解组织当前的核心价值观,了解他们希望强化的价值观以及这些价值观与商业战略的关系,否则就无法有效地使用这一杠杆。

要规避的风险

每个企业都面临着可能损害企业业绩的风险。企业所处行业的性质,以及企业所选择的具体战略,决定了其要规避的风险。例如,建筑业的管理者认识到,贿赂公职人员会使企业受到严厉的惩罚,并毁掉企业的声誉。贝恩(Bain)和麦肯锡(McKinsey)等处理高度敏感数据的大型咨询公司,如果专有数据被泄露,就可能面临损害声誉的风险。

高效的管理者知道战略分析最重要的是确定和传达要规避的风险。要规避的战略风险取决于公司的既定方针和对核心竞争力的评估。电信公司的管理者必须决定是否声明卫星设计在允许的活动的范围内或范围外。制药公司必须决定不投资哪类治疗药剂。在多个项目上浪费资源,或者成员的主动行为互不相干,都是失败的原因。

边界控制系统的设计离不开对来自行业竞争动态和企业战略选择所面临的风险的明确认识。成功实施一项战略,需要对与该战略相关的风险进行预测并抢先采取行动。

关键绩效指标

关键绩效指标是企业所选择竞争战略的影响因素。管理者必须熟悉定义成功绩效的关键绩效指标,以设定目标并根据既定战略目标衡量进展。折扣零售商的关键绩效指标与不打折扣、靠服务竞争的零售商的关键绩效指标不同。管理者必须反复思考:"要想使既定战略奏效,必须成功地实施哪些关键因素?它们如何影响成本、营销、财务、人力资源和技术?"随着战略的改变,关键绩效指标也应当改变。咨询人员和职能专家通常具有相关的专业技能,可以为公司识别这些战略指标并为它们设计诊断控制系统。

战略不确定性

战略不确定性与高层管理者对未来的设想以及对可能破坏

这种设想的紧急情况的评估有关。高层管理者应该能够清楚地表达出未来 5~10 年业务将如何发展的愿景，以及可能破坏该愿景的关键突发事件。例如，《今日美国》的高层管理者，想把这份报纸办成一份彩色的全国性报纸，既能刊登针对全国客户的广告，又能刊载地区性新闻材料。这种设想能否成功，依赖于能否聚焦于能够在全国范围内展开广告攻势的主要企业。高层管理者需要谨慎监控意外情况，以确保他们所做的假设仍然有效。尽管交互控制系统可以触发组织的学习，以及新战术和新战略的演变，但只有管理者能够清晰地表达他们对未来的愿景，以及可能破坏该愿景的相关突发事件的时候，交互控制系统才能有效。

实现高管理回报率

对关键战略指标的分析和对四个基本控制杠杆的清晰理解不足以控制战略的实施。为了最大化管理回报率，管理者必须了解如何利用有限的时间和注意力。职能部门能够补充高层管理者对不同控制系统的关注或弥补其疏忽。管理人员和职能部门所执行的任务如表 7-2 所示。

表 7-2 管理者和职能部门的控制系统任务

	管理人员	职能部门
信仰控制系统	亲自起草关于信念的陈述的主要内容； 传达信念的内容及其重要性	通过下发文件，进行培训，促进组织对信念的认识和交流

续表

	管理人员	职能部门
边界控制系统	亲自勾画初步的战略边界；审查职能部门整合的商业行为边界；对违反者做出惩罚	拟定商业行为边界；传达战略和商业行为边界；就重要的边界进行组织培训
诊断控制系统	定期制定或协商绩效目标；接受和研究例外情况的报告；探究重大例外情况	设计和保证系统正常运转；解读数据；撰写例外报告；确保数据真实可靠
交互控制系统	选定交互使用的系统；安排与下属经常性的面对面会议，讨论系统产生的数据；要求组织上下的业务管理者对该系统反映的信息采取应对措施	收集和编辑数据；促进交互过程

然而，在利用职能专家来弥补注意力不足时，谨慎是必要的。有时，职能专家试图对本来应该使用诊断控制系统的过程，使用交互控制系统。职能专家很喜欢使用交互控制系统，因为这些系统受到管理者的关注，它们提高了职能工作的重要性。在通常情况下，职能专家创建的系统使得任务标准化和程式化（从而抹杀了创造力），然后规定步骤和进程，以引起高层管理者的注意。提倡战略规划、零基预算或目标管理的职能专家和管理顾问制定了循序渐进的程序，来规划他们最喜欢的系统，并且尝试安排管理性会议，进而创建一个交互控制系统。如果

管理者容忍这个错误持续下去，系统将不会产生承诺的好处，并将不当地占用管理者的注意力。为了最大限度地提高管理回报率，高层管理者必须确保整个组织的职能专家和业务经理意识到他们在四个基本控制杠杆中的作用。

管理者意识到战略规划方案和零基预算方案妨碍了创新，不恰当地耗费管理层注意力，使得管理回报率降低时，就会停止或大幅减少这些方案。一旦管理者了解到控制系统的成本，即那些基本工作过程的控制系统占用了业务经理大部分的精力，"全面质量"体系等可能也会有同样的命运。

激发成员的潜能

高效的管理者必须了解集中趋势，以便对它们进行管理。书中提出的分析基于一些重要的假设，这些假设包括价值是如何创造的、战略是如何形成的，以及人们在组织中是如何表现的。在组织的日常生活中，这些不言而喻也不容置疑的假设影响着管理者控制战略的方式，以及他们的努力能取得多大的成功。这些假设决定了管理者如何对待下属，如何授予决策权，以及管理者对自己和下属的工作表现有何期待。

关于人类行为的假设都实实在在地存在风险，包括来自假设本身的风险以及假设错误的风险。这是学习统计推理的学生所熟悉的第一类错误和第二类错误。当我们拒绝一个正确的假设时，就会犯第一类错误；当我们接受错误的假设时，就会犯第二类错误。

假设一个管理者必须在两种人类行为模式中做出选择，并相应地对待下属。第一种模式假设下属诚实、勤奋，并尽其所能履行承诺。在这种模式中，下属有待挖掘的潜力。第二种模式假设下属天生就不诚实、懒惰，如果可能的话，急于避免履行需要付出努力的承诺。在这种模式下，应注意对下属进行监视和控制。

如果管理者选择了第一种模式，并且下属诚实、勤奋，那么管理者的努力就可以指向释放下属的潜力，下属会抓住提供给他们的机会做出贡献。

如果管理者选择了第二种模式，而下属实际上是勤奋和诚实的，那么他就犯了第一类错误。在这种情况下，下属将被剥夺参与关键决策的机会，因为管理者担心他们的利己行为会对公司造成不利影响。当下属意识到缺乏信任时，他们就会不愿意为组织目标努力；也可能会导致职能失调的行为。因此，先入为主的第一类错误会阻碍下属为组织做出贡献，可能会给公司带来负面后果。

如果管理者在下属懒惰且工作不力时接受了第一种模式，就犯了第二类错误。在这种情况下，管理者的行为将为下属提供逃避职责和挪用资产的机会。如果缺乏必要的控制和监督，下属就会把个人利益凌驾于组织目标之上。第二类错误也会让公司付出代价。

虽然这些例子有些极端，但它们表明了错误判定员工行为的潜在危害。管理者对员工行为的假设，对于控制战略所必须做出的一些选择至关重要。

当然，有证据表明，在每个组织中都有两种模式。人们都很重视贡献和承诺，但也表现出利己主义的特征。在没有领导和目标的情况下，个人会变得自私自利，为自己的利益而工作，而很少考虑组织的目标。有效的控制必须同时处理这两种模式。在商学院，这两种模式之间的矛盾最为明显：组织行为学课程提倡通过团队合作和承诺来激发动力；应用经济学课程强调把补偿性的激励措施作为影响员工行为的主要动力。

本书对人类行为模型的观点是，人们愿意取得成就和做出贡献，做正确的事，进行创新和创造。如果人们的行为与此背离，那应当是因为存在组织障碍，而不是错误定义了组织工作的性质。

表7-3说明了这些假设和管理活动之间的联系。第一列指定关键的行为假设；第二列列出了组织中经常阻碍人的潜力的因素。最后两栏提供了补救措施——包括管理方面和控制杠杆的使用方面。

表7-3 人类行为、组织障碍和控制杠杆

组织成员意愿	组织障碍	管理措施	相关控制系统
做出贡献	没有明确的目标	传达核心价值观和使命	信仰控制系统
做正确的事	压力或诱惑	制定并执行游戏规则	边界控制系统
取得成就	不被重视或没有资源	制定和支持明确的目标	诊断控制系统
创新和创造	缺少机会或害怕风险	展开交流，促进学习	交互控制系统

我们认同的人类行为模型假设人们希望做出贡献，但这种行为可能存在组织障碍。组织经常很难让个人了解他们做出努力的更大目标，或者他们如何能以一种重要的方式增加价值。高效的管理者能够识别组织中的障碍，并通过积极沟通核心价值观和使命来消除它们。在小型组织中，只要高层管理者与下属互动，就可以（而且应该）以非正式的方式进行交流。在较大的组织中，管理者必须依靠正式的系统（信仰控制系统）来激励大家承担责任并减少组织障碍。

我们认同的模型假设人们希望按照我们社会的道德准则行事，但组织中总是存在诱惑和压力，这可能导致员工选择投机取巧、转移资产，或其他与严格的行为准则相冲突的行为。管理者试图通过明确规定和严格执行游戏规则来消除这些障碍。有些行为是绝对不能容忍的。在许多组织里，因虚报50美元的账单而解雇管理者这样的事司空见惯。这一行为表明，跨越道德界限的后果，即使是很小的事情，也是严重的、不可协商的。在较大的组织中，管理人员必须依赖正式的边界控制系统来确保这些边界被大家知悉和了解。

我们认同的模型假设人们渴望取得成就，既为了有形的回报，也因为成就本身。不幸的是，组织可能会让员工获得成就和由此产生的成就感变得困难。员工可能不会因为他们的成功而得到奖励或认可。员工经常没有机会把精力集中在实现目标并得到认可方面。高效的管理者试图通过传达明确的目标，并为实现这些目标提供必要的资源来消除这些障碍。随着组织的壮大，管理人员使用诊断控制系统来消除这部分障碍。

最后，我们的模型假设员工想要创新和创造，但组织往往会抑制这种天生的欲望。员工要么没有机会去尝试，要么害怕挑战现状而给组织带来风险。高效的管理者通过开放组织对话的渠道，以及鼓励重视不同意见和新想法的学习环境来消除这些障碍。当组织规模较小时，可以采用非正式的方式进行。随着组织规模的扩大，需要使用交互控制系统来促进学习、创新尝试和信息共享。

关于人性的假设是有效使用基本控制杠杆的核心。可以利用表7-3来测试你自己对人类行为的假设。你同意这个理论的假设吗？如果不是，你对人类行为的假设是什么？这些行为假设对战略制定和实施有什么影响？对授权又意味着什么？如果你的假设不正确，第一类错误和第二类错误的影响是什么？如何面对并且调和人类行为的隐含假设，是在组织中挖掘员工的潜力的起点。

小结

高效的高层管理者使用基本控制杠杆来激励员工完成对组织目标的承诺，为创新和竞争开辟领域，协调和监督当前战略的执行，并激发和引导对未来战略的探索。处理创造性创新和实现预期目标之间的制约关系是利润增长的关键。

在这本书中，我试图证明管理控制系统是控制商业战略的关键杠杆。这些杠杆可以平衡组织的制约关系。控制和学习、效率和创新、奖励和惩罚、领导和管理之间的制约关系是组织结构的一部分，有时会使组织生活产生一些矛盾。随着组织的发展，管理者必须处理好越来越多的机会、越来越大的竞争压力，以及时间和注意力越来越不够用的问题。找到使得管理回报率最大化的方法变得至关重要。基本控制杠杆是管理这种平衡的重要工具；没有这些系统，现代组织就无法运作。

此外，这些基本控制杠杆只是呈现了非常基本和简单的过程：提供目标；告诉人们会得到什么样的奖励；告诉他们不要做什么；告诉他们组织的信念；询问他们的想法；共享知识与经验。这些是基本的人类沟通过程，只要人们依靠领导者来引导企业实现宏伟目标，这些过程就是显而易见的。

| 附录 A |

控制杠杆清单

本附录中的表 A-1 至表 A-4 从内容（what）、作用（why）、形式（how）、使用时机（when）和实施主体（who）这五个方面，总结了管理者用来控制商业战略制定和实施的四种基本杠杆，即信仰控制系统、边界控制系统、诊断控制系统和交互控制系统。

每个表都对某一控制系统的关键特征进行了简单的汇总，并举例说明了其使用方法。

这四种控制杠杆在技术设计属性和分配管理者注意力的模式上都有所不同（见图 A-1）。在技术设计属性方面，信仰控制系统和边界控制系统不同于反馈和衡量系统，这表现在包含信息的类别、信息的传播方式以及系统要达到的目的等方面。在基于衡量指标的控制系统中，还可以根据高层管理者的注意力模式及其对制定和实施战略的影响来进一步区分。

表 A-5 对内部控制系统的特征进行了汇总。该系统与战略的制定和实施没有直接的关系，但是对任何企业来说，无论企业大小，它都是必不可少的，因为可以用于确保资产的安全和管理信息的安全可靠。如果没有这一保证,管理者就无法依靠控制杠杆来实施战略控制。

表 A-1 第一种控制杠杆:信仰控制系统

内容	就如何创造价值、预期的业绩水平以及人际关系,设定一套明确的信仰体系,并规定基本的价值观、组织目的和方向
作用	为机会寻求行为提供动力和指导
形式	使命陈述 愿景陈述 信条 目标陈述
使用时机	机会迅速增加 高层管理者想改变战略方向 高层管理者想激励组织成员
实施主体	高层管理者亲自撰写组织信念草案的实质内容 职能部门帮助传达组织信念内容、收集反馈意见和调查对信念的了解情况

表 A-2 第二种控制杠杆:边界控制系统

内容	正式规则、限制和禁令,以及相关联的明确的制裁和可信的惩罚威胁
作用	允许员工在规定的自由领域里发挥创造力
形式	商业行为准则 战略规划系统 资产收购系统 操作指南

续表

使用时机	商业行为边界：当声誉成本很高时 战略边界：当过度的机会寻求行为和试验有可能消耗公司的资源时
实施主体	在职能专家（如律师）的技术协助下，高层管理者亲自制定惩罚措施，并由职能部门监督执行情况

表 A-3 第三种控制杠杆：诊断控制系统

内容	是一种监控组织绩效并纠正相较于预设绩效标准的偏差的反馈系统 例如：利润计划和预算 　　　目标和目标系统 　　　项目监控系统 　　　品牌收入监控系统 　　　战略规划系统
作用	实现资源有效分配 确定目标 提供动力 制定纠正措施 评估过去的工作情况 节省管理层的注意力
形式	制定标准 衡量产出 将激励措施与目标实现情况挂钩
使用时机	可预先设定绩效标准 可对产出进行衡量 可利用反馈信息对出现的偏差进行调整或纠正 过程或产出是关键绩效指标
实施主体	高层管理者设定或商议目标，接收和审核例外情况报告，跟进重大异常情况 职能部门负责系统运转、收集数据并撰写例外情况报告

表 A-4　第四种控制杠杆：交互控制系统

内容	是一种管理者用以亲自定期参与下属决策活动的控制系统 例如：利润计划系统 　　　项目管理系统 　　　品牌收入预算系统 　　　情报系统
作用	使组织关注战略不确定性并促进新构想和新战略的产生
形式	确保该系统产生的数据成为与下属持续讨论的重要内容 确保该系统是组织上下管理者关注的重点 参与与下属的面对面会议 持续对数据、假设和行动计划进行质疑和讨论
使用时机	战略不确定性要求组织寻找破坏性的变革和机遇
实施主体	高层管理者主动使用该系统并设定主观性的、基于绩效的激励措施 职能部门起到促进作用

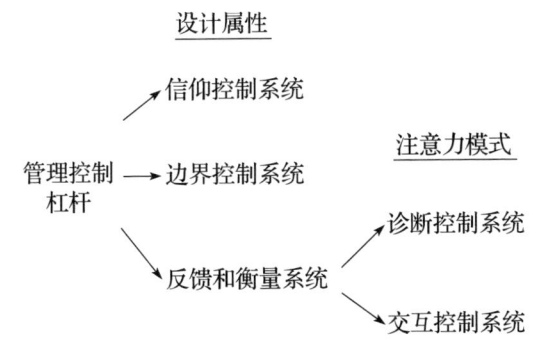

设计属性

管理控制杠杆 → 信仰控制系统
　　　　　　→ 边界控制系统
　　　　　　→ 反馈和衡量系统

注意力模式

反馈和衡量系统 → 诊断控制系统
　　　　　　　→ 交互控制系统

图 A-1　基本控制杠杆的不同特征

表 A-5 基础：内部控制系统

内容	是一个保护资产免遭盗窃或意外损失，并确保会计数据和财务信息系统可靠的系统
作用	防止交易处理效率低下、基于不准确数据的错误决策和欺诈行为
形式	组织架构保障： 积极的董事会审计委员会 独立的内部审计功能 职责划分 划分权力级别 严格把关贵重资产的使用 人员保障： 确保所有会计、控制和内部审计人员储备了足够的专业知识，并提供专业知识培训 充足的资源 关键岗位轮换制度 系统保障： 完整准确的记录 充分的文件和审计跟踪 相关及时的管理报告 严格管控对信息系统和数据库的访问
使用时机	所有企业的任何周期都可以使用
实施主体	职能专家（受过专门培训的会计，独立审计人员） 管理者通常不应花太多时间设计或审查内部控制的细节

注：内部控制系统不是管理者用来控制战略的杠杆。但是，它们对于确保所有其他控制系统中使用的数据的完整性至关重要。出于这个原因，管理者必须确保内部控制是充分的。

| 附录 B |
信息技术的利用和滥用

没有人会质疑基于计算机的信息系统对于现代企业运营的重要性。这些系统几乎生成了大型组织中的所有交易和生产信息。然而,技术对管理实践的影响并不均衡。尽管人们热切期待信息技术能够带来一场管理实践革命,但这场革命却迟迟没有实现。大约 20 年前,克里斯·阿吉里斯指出:

> 在最近对关于管理信息系统实施情况的文献的回顾中,我发现文章都将未满足的期望和由此产生的失望作为主题,特别是在利用管理信息系统技术处理组织面临的更为复杂的、组织结构不恰当的问题方面。(Argyris,1977,113)

技术进步和实施经验似乎并没有消除这些问题。麦金农和布伦斯对 12 家制造公司的信息技术使用情况的研究,也得出了同样的主题:

> 我们从观察到的使用情况得出一个结论,即信息系统和个人计算机的出现是因为技术允许它们存在,而不是出于需求或考虑到技术在增强联系方面的价值。因此,并非所有管理者都接受了新技术并学会了有效地使用它。一些尝试使用新技

术的人也已经放弃了,因为在他们的工作中,其他获取信息的方法具有更高的性价比。(McKinnon and Bruns,1992,190)

麦金农和布伦斯认为,信息技术系统提供的大部分信息由于不适合使用、不准确或者不具有相关性而对管理者没有什么使用价值,从而未被采用。

为什么新技术提供的信息在某些情况下对管理者有用,而在其他情况下则不然?我认为高层管理者适应信息技术的速度缓慢,不是因为技术本身的局限性,而是因为这些系统的设计者不了解高层管理者如何利用信息来达到其控制目的。信息技术要发挥作用,必须能通过利用有限的组织注意力来提高管理回报率。关键挑战在于将信息技术的力量与管理者的控制需求相匹配,并且认识到不同的控制杠杆需要不同的信息系统配置。

博伊索(Boisot,1986)分析得出,信息具有的两个属性——信息编纂和信息传播,与高层管理者的沟通和控制需求尤其相关。

信息编纂是指通过对数据进行分类和整合来对信息进行梳理。描述性统计(均值、众数和标准差),以及财务报表信息(收入、费用和毛利率),都是经过编纂的信息。编纂后的信息是通过压缩原始数据并将这些数据按照不同主题分类来获得的。相比之下,口口相传的、含糊的、模棱两可的新技术信息难以得到编纂。

信息传播是指组织内信息共享的程度。如果信息可以很容易地传递给组织中的每个人,那么传播度就很高;如果信息仅能传递给组织的一小部分人，则传播度就很低。损益表可以很容易地在整个组织中传播。关于新技术的传言由于在传播的过程中夹杂个人观点，尤其是细微感受，需要面对面地复述故事和导致它发生的情形，因此不容易传播。

信息编纂和信息传播程度通常是相互依存的（见图B-1）。通常来说，信息被编纂得越多，它就越容易以客观的方式传播。例如，会计数据可以根据预定义的账户代码进行压缩和结构化；然后，这些数据可以方便快速地在组织内部传播。相比之下，未编纂的信息，由于传播时准确性的要求，需要将信息产生及相关的背景一起传播，因此传播起来较为困难。

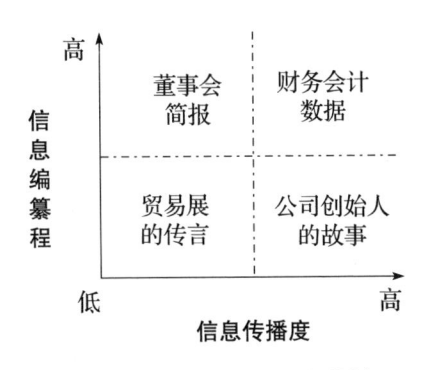

图 B-1 信息编纂和信息传播

当然也有例外。一些信息可以高度编纂，但仍然需要面对面的会议来解释和理解。在计划的董事会议之前提供给董事会成员的简报就是一个例子。这些数据已经过编纂，但必要的说明和讨论对于完全理解数据的含义仍然是必要的（Boisot，1986）。最后，一些非正式信息未被编纂但广泛传播。例如，关于公司创始人的故事可能会被无数次重述，以此作为影响组织文化的一种方式。

战略信息的编纂和传播的处理是战略制定和实施的重要限制因素。数据越具有战略意义，通常就越难以编纂，从而难以在组织内传播。因此，高层管理者的偏好往往无法轻易在整个组织中传播。一些微妙的数据（例如在贸易展上收集的情报）也难以广泛而准确地传播。而易于编纂和传播的数据——如销售交易记录——提供的信息与战略制定和实施几乎没有多大的关系。

为了使信息技术为高层管理者所用，信息技术必须提供在编纂和传播战略信息方面高效率、高效能的信息渠道。遗憾的是，信息技术设计师未能利用技术的潜力来减少信息的编纂和传播的限制，以及管理注意力的局限所带来的限制。

一个显而易见的解决方案是利用技术进步来编纂更多的信息并广泛传播这些信息。但是编纂更多的信息并广泛传播信息并不会提高管理回报率。为了理解如何设计能够改变信息的编纂和传播的信息系统，同时还能利用有限的注意力，我们必须重新审视控制杠杆。

控制杠杆和信息技术

信仰控制系统、边界控制系统、诊断控制系统和交互控制系统具有不同的信息目的，因此需要不同程度的编纂和传播。时间、距离和空间的组织限制通常会制约管理者以最有效的方式编纂和传播信息的能力。如果设计得当，信息技术可以克服这些限制并使控制杠杆更有效地发挥作用。表 B-1 总结了各系统所需的编纂和传播程度，以及克服限制所需和可用的信息技术。

表 B-1 控制杠杆的信息属性

	信仰控制系统	边界控制系统	诊断控制系统	交互控制系统
目的	激励探索	划定战略领域	传达关键绩效指标	使组织关注探索活动和收集与战略不确定性相关的信息
对编纂的要求	未编纂、高度个性化	未编纂、明确	经过编纂以衡量和监控关键绩效指标	经过初步编纂，把原始数据按方便实用的格式进行加工
对传播的要求	定期传达到整个组织	定期传达到整个业务部门	出现异常时，传达到负责的管理者	把信息不断传播到整个管理层
信息技术	克服距离和时间的限制，广泛传播信念内容	确保系统的明确内容成为员工根深蒂固的思想	提高效率和效能： （1）关键绩效指标； （2）异常情况传播	提供更多有关市场动态、行动计划和环境测试的实时数据
示例	视听会议电子邮件	在数据输入终端显示"篡改会计数据是违法行为"	彩色编码的异常报告；穿透矩阵；平衡计分卡报告	使用有关市场趋势、盈利模式、内部技术的项目数据库

高层管理者运用使命陈述和信条形式的信仰控制系统将信

念和价值观传递给组织的各个层级，为组织指引方向并激励探索行为。通过信仰控制系统传输的信息，内容比较模糊，使得组织成员可以根据任务需要来使用信息。为了激励探索活动，必须以鼓舞人心的方式传递信息。因此，信息必须通过个人演讲或相互交流，或以其他方式向成员明确表示这些理念代表高层管理者的基本价值观。

因此，这些信息必须是未编纂且高度个性化的。同时，为了有效刺激探索活动，信息必须尽可能广泛地传播。当组织规模较小且组织成员紧密合作时，这些要求可以轻松满足。当高层管理者亲自向所有员工展示他们的信息时，未编纂的数据可以被广泛传播。然而，对于分散的组织，管理者在组织中广泛传播信息的能力受到他们可以亲自接触的人数的限制。如图B-2所示，信息技术可以克服距离和时间的障碍，使未编纂的信息更容易传播。通过视频会议、语音邮件和电子邮件，高层管理者可以定制并传播与核心价值观和信念相关的信息。这样可以创建一种即时性和亲密感，将高度个性化的消息同时传播给组织的所有成员。因此，通过使用信息技术，只需占用高层管理者少量的注意力，就能以高度个性化的方式推行信仰控制系统。

边界控制系统传达有关行为领域和战略领域的信息，从而为探索行为划定边界。通过边界控制系统传达的信息是明确的，而且通常是基于规则的（例如，如果我们无法在某个市场中保持第一或第二的市场位置，就不要在这个市场中寻找机会）。尽

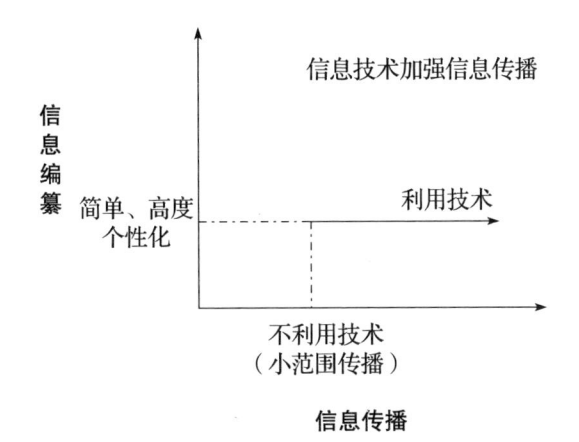

图 B-2 信仰控制系统和信息技术

管信息不那么个性化，但组织的参与者必须相信，边界对高层管理者来说很重要，因此它应该受到重视。

只有那些可能面临选择，且所做选择对企业构成风险的组织成员才需要知道行为边界和战略边界。例如，与政府机构打交道的规则必须传达给那些与政府有交集或向政府销售产品的部门。组织应根据每个业务部门的特点，设定其战略边界。

尽管边界控制系统中包含的信息未经编码，但它不需要个性化定制。相反，面临惩罚的威胁足以引起注意并确保遵守。然而，随着组织的规模越来越大、结构越来越分散，向员工传达组织边界变得越来越困难。由于员工日常工作任务繁重而紧迫，发送定期的备忘录和邮件可能无法引起他们的注意。在某些情况下，通过对组织边界的自动化检查，信息技术可以不断地向组织成员传达有关边界的信息。为了实现这一点，必须加强信息编纂和信息传播，技术职能部门也应加强监控力度（见图 B-3）。然而，加强这些方面并不需要高层管理者投入额外的注意力。

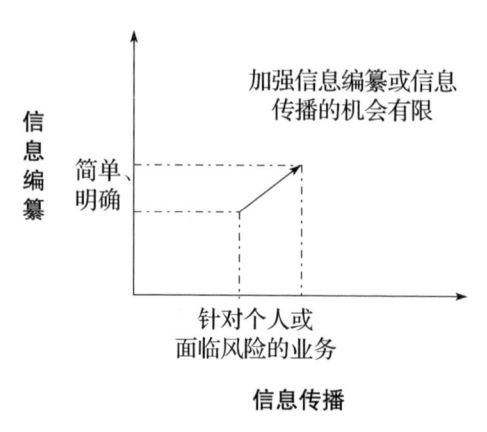

图 B-3　边界控制系统和信息技术

有一家企业曾发生过基层管理者篡改会计数据的丑闻，现在每个计算机屏幕的底部都会显示这样一条信息："篡改会计数据是违法行为"。从战略层面来讲，计算机软件可以对计划事项进行扫描，以测试是否存在违反关键战略控制边界有关规定（例如银行的风险敞口）的风险。因此，无须高层管理者经常性干预，信息技术就可以为传达和监控组织的战略边界和商业行为边界提供保障。

高层管理者使用诊断控制系统传达关键绩效目标，并监控计划实施的进度。有关既定战略、计划和目标的信息在组织中从高到低逐级传播。正因为如此，信息被有序地分解，使得较低级别的目标和指标能够为企业的总体战略做出贡献。商业计划、目标和目标系统以及预算都是诊断控制系统，为实现预定目标，它们都会提供资源、协调行动并提供激励。

通过诊断控制系统传输的信息都经过高度编纂。计划指导方针、预算和其他诊断控制系统采用统一的信息结构，这些信息结构通常来自财务会计系统的数据转换。组织层次越高，就会收到越多的整合数据，因此，为了对信息进行解码和了解，有必要接受一些培训和掌握一些技能，这种培训通常是晋升到一般管理职位的前提。职能专家（会计、销售计划人员、信息技术人员）能够设计复杂的模型来跟踪和衡量关键绩效指标，并维护这些系统，从而节省高层管理者的注意力，并允许进行例外管理。

信息技术可以极大地提高诊断控制系统信息编纂的效率和有效性（见图 B-4）。因此，它可以提高管理者监控下属绩效的能力，同时减少或消除人际互动的必要性（Zuboff，1988，323）。在战略方面，先进的信息技术使与关键绩效指标有关的措施得以进行信息编纂，并在目标处于危险时自动发送预警信号。这种信息技术可以监控更多的变量，也可以采用平衡计分卡进行衡量，包括财务、客户、内部业务和创新指标（Kaplan and Norton，1992）。利用管理信息系统可以深入访问各种变量信息。彩色编码的计算机屏幕矩阵可以将异常报告突出显示。可以定期对多种关键变量进行检查，以确保关键绩效指标符合目标要求。对于在多个市场参与竞争的大型跨国公司来说，这些系统是进行复杂商业运营的重要手段。

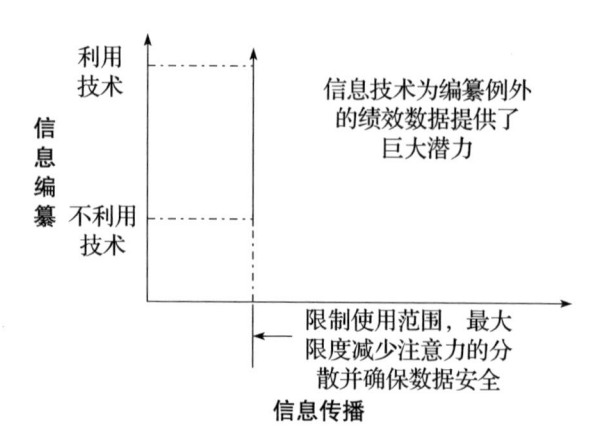

图 B-4 诊断控制系统和信息技术

为了节省组织的注意力，通常需要在设计上约束诊断控制信息的传播。例如，与个别管理者职责相关的信息就不需要发送给高层管理者。战略业务单元的职能部门和业务部门的管理者应该只能收到在其职责范围内的运营相关数据。不对数据的访问权限加以限制可能会分散组织的注意力，并带来数据安全问题。因此，要从设计上限制信息的传播，而不是从技术上加以限制（Simons，1992；Simons and Bartlett，1992）。

虽然信息技术为改进诊断控制系统提供了重要的机会，但设计者必须记住，使用这些系统的目的是在无须高层管理者持续关注的情况下实现目标。管理信息系统会破坏诊断控制系统节约组织注意力的能力，因为它们允许基层组织访问复杂的数据。系统设计人员鼓励高层管理者在组织数据库中深入挖掘，以监控下级的活动。一开始，这看起来是可取的，但考虑到使用诊断控制系统的目的，可能存在巨大的风险。

当一个小型费用中心的部门管理者发现月度不利差异后会发生什么？如果他给相关主管打电话，可能会发生两种情况。最好的情况是，负责这个变量的主管会解释说，由于时间上的差异，本月费用异常高。更可能的情况是，虽然他们已经意识到了这个问题，本可以采取行动加以纠正，但那位主管依然会通知下属说部门管理者对出现的偏差感到不安，并要求他们找到消除偏差的方法。[①] 在这种监控环境中，下属可能会花费过多的时间监控明显微小的诊断变量，这样他们就不会被高层管理者的提问弄得不知所措。

诊断控制系统本质上是自我矫正的反馈系统。设计这些系统的人员知道，在系统还没来得及把信息传播出去并进行自我矫正之前，反馈信号会不断地受到干扰，那么系统将变得不稳定。信息技术可以使高层管理者扰乱固有的自我纠正控制过程，从而干扰组织的注意力，不利于提高经营效率。

高层管理者使用交互控制系统来激发关于战略不确定性的对话和讨论。任何管理控制系统都可以通过使管理层反复密切关注这一系统来实现交互使用。当组织高层管理者聚集在一起收集和解读数据、期望从同事和上级那里寻求理解时，反复出现的关注会对组织各级产生一连串的连锁效应。一个交互控制系统促使人们寻找有关战略不确定性的信息，以及制定新的行动计划，甚至制定新的战略。随着信息的收集、共享、交流和

[①] 关于这一问题对改变传统组织权力关系的影响的讨论，参见 Zuboff (1988，338 - 341)。

讨论，信息在整个组织内部从上到下传播开来。

通过交互控制系统传输的信息是经过初步编纂的。交互控制系统为数据压缩和分类提供了架构（例如利润计划系统），但系统传输的数据主要是起到催化剂的作用，促进了对信息意义和适当行动计划的面对面讨论。因为讨论的焦点是信息的意义，而不是信息是如何计算和转换的，所以交互控制系统必须简单，以便整个组织的个人都能理解它们。

交互控制系统的信息传播程度大于诊断控制系统的信息传播程度。交互控制系统旨在促进对话和信息共享，是企业整个管理团队的重要数据来源，即使交互控制系统的信息可能只会正式报告给一部分管理者（见图 B-5）。

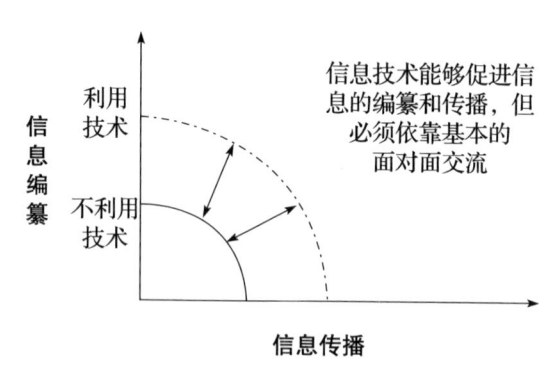

图 B-5 交互控制系统和信息技术

信息技术的进步有可能从以下三个方面提高交互控制系统的能力。第一，计算机信息系统有能力把复杂的数据转换成易于理解的可视化图表，从而使得复杂的数据成为交互控制系统的一部分。第二，个人计算机网络的普及使相关的市场信息被迅速地传播、共享和讨论。可以在组织基层设置利润计划系统，各个销售点的数据收集设备可以收集并快速传递有关客户购买模式以及促销和价格变化效果的实时数据。第三，先进的数据库管理技术使管理者能够提出一些假设问题，从而对与建议的行动计划相关的环境进行评估。数据库有助于对数据和市场动态进行反复预测。信息技术的进步使得估算变得容易和迅速。

以上这几方面的提高，使得交互控制系统可以包含与战略不确定性有关的更为密切、及时和敏感的数据，同时使保存数据变得简单，调用数据更加方便。关于战略不确定性的数据质量越高，管理层对这些系统的关注就能得到越好的回报。即便如此，交互控制系统还是依靠面对面的讨论。因此，交互控制系统中的信息必须保持半编纂状态。信息技术专家通常倾向于采用更具有编纂性的手段，从而更加快速有效地传播信息。然而，这往往会把面对面的交流排除在沟通渠道之外。研究表明，人际交流是有效控制和管理的关键。在一项关于管理信息使用障碍的研究中，明茨伯格指出：

　　……（正式的管理信息系统）的弱点是，由于依赖文字资料，失去了语言交流渠道所能提供的许多信息。具体来说，在面对面接触中，经理可以"读出"面部表情、手势、语调等。相比之下，文字资料则显得呆板无趣。此外，语言交流渠道允许即时的反馈和互动，显然这是管理者认为非常重要的东西。(Mintzberg，1975，3-4)

最近，在一项关于管理者使用电子邮件情况的研究中，麦肯尼、扎克和多尔蒂指出，在解决复杂问题时，管理者更偏好面对面的交流，而非电子邮件：

> 在问题明确的情景中，就建立参与者对情况或任务的共同理解能力来说，电子邮件和面对面交流各有利弊。面对面交流（包括一对一和开会两种情况）提供了很强的互动性以及即时的反馈，并在交流小组中建立了共识，便于参与交流的人员就模棱两可的问题以及需要交换意见的复杂问题进行有重点的结构化交流。（McKenney, Zack, and Doherty, 1992, 382）

对于某些类型的控制系统来说，电子媒介既不合适也不可取。诺里亚和埃克勒斯（Nohria and Eccles, 1992）认为，情况越不确定、含糊不清且面临的风险越大，面对面交流就越重要。在这些情况下，基于电子媒介的交流不能替代面对面的交流。实践将会检验，视频会议以及未来其他结合数字计算能力和视听能力的新兴技术是否能够减少上述局限性。

高层管理者使用正式系统控制战略的方式是信息技术系统设计中的一个关键因素。由于高层管理者的注意力有限，忽略不同的使用模式，只能导致管理者放弃使用为他们提供的新的信息技术系统，转而采用更传统的收集和交流信息的方式。

参考文献

Ackoff, R. L. 1971. Towards a System of Systems Concepts. *Management Science* 17(11):661–671.

Amabile, T. M., and S. S. Gryskiewicz. 1988. Creative Human Resources in the R & D Laboratory: How Environment and Personality Affect Innovation. In *Handbook for Creative and Innovative Managers*, ed. R. L. Kuhn. New York: McGraw-Hill.

Amey, L. R. 1979. *Budget Planning and Control Systems*. Marshfield, Mass.: Pitman.

Andrews, K. R. 1989. Ethics in Practice. *Harvard Business Review* 67(5): 99–104.

Anthony, R. N. 1965. *Planning and Control Systems: A Framework for Analysis*. Boston: Division of Research, Graduate School of Business Administration, Harvard University.

———. 1988. *The Management Control Function*. Boston: Harvard Business School Press.

Argyris, C. 1952. *The Impact of Budgets on People*. New York: The Controllership Foundation.

———. 1973. Some Limits of Rational Man Organization Theory. *Public Administration Review* 33(3):253–67.

———. 1977. Organizational Learning and Management Information Systems. *Accounting, Organizations and Society* 2(2):113–23.

———. 1985. *Strategy, Change and Defensive Routines*. Marshfield, Mass.: Pitman.

———. 1990a. The Dilemma of Implementing Controls: The Case of Managerial Accounting. *Accounting, Organizations and Society* 15(6):503–511.
———. 1990b. *Overcoming Organizational Defenses: Facilitating Organizational Learning.* Needham, Mass.: Allyn and Bacon.
Argyris, C., and D. Schön. 1978. *Organizational Learning.* Reading, Mass.: Addison-Wesley.
Arrow, K. J. 1974. *The Limits of Organization.* New York: W.W. Norton.
Ashforth, B. E., and F. Mael. 1989. Social Identity Theory and the Organization. *Academy of Management Review* 14(1):20–39.
Baldwin, Y. C., and K. B. Clark. 1992. Capabilities and Capital Investment: New Perspectives on Capital Budgeting. *Journal of Applied Corporate Finance.* 5(2):67–82.
Barnard, C. I. [1938] 1968. *The Functions of the Executive.* Cambridge, Mass.: Harvard University Press.
Barney, J. B., and W. G. Ouchi, eds. 1986. *Organizational Economics.* San Francisco, Calif.: Jossey-Bass.
Barrett, M. E., and L. B. Fraser. 1977. Conflicting Roles in Budgeting for Operations. *Harvard Business Review* 55(4):137–46.
Baruch, H. 1980. The Audit Committee: A Guide For Directors. *Harvard Business Review* 58(3):174–86.
Birnberg, J. G., L. Turopolec, and S. M. Young. 1983. The Organizational Context of Accounting. *Accounting, Organizations and Society* 8(2/3):111–29.
Boisot, M. H. 1986. Markets and Hierarchies in a Cultural Perspective. *Organization Studies* 7:135–58.
Bower, J. L. [1970] 1986. *Managing the Resource Allocation Decision.* Boston: Harvard Business School Press.
Brenner, S. N., and E. A. Molander. 1977. Is the Ethics of Business Changing? *Harvard Business Review* 55(1):57–71.
Brooks, L. J., and V. Fortunato. 1991. Discipline at the ICAO. *CA Magazine* 124(5):40–43.
Brown, D. [1957] 1977. *Some Reminiscences of an Industrialist.* Easton, Pennsylvania: Hive Publishing.
Brown, W. 1960. *Explorations in Management.* New York: Wiley.
Brownell, P. 1982. Participation in the Budgeting Process—When it Works and When it Doesn't. *Journal of Accounting Literature* 1(spring):124–53.
Brownell, P., and M. McInnes. 1986. Budgetary Participation, Motivation, and Managerial Performance. *The Accounting Review* 61(October):587–600.
Bruns, W. J., Jr., and P. J. Murray. 1989. Roy Rogers Restaurants. Case Study 9-189-100. Boston: Harvard Business School.
Bruns, W. J., Jr., and K. A. Merchant. 1990. The Dangerous Morality of Managing Earnings. *Management Accounting* 72(2):22–25.

Burgelman, R. 1983a. A Model of the Interaction of Strategic Behavior, Corporate Context, and the Concept of Strategy. *Academy of Management Review* 8(1):61–90.

———. 1983b. A Process Model of Internal Corporate Venturing in a Diversified Major Firm. *Administrative Science Quarterly* 28(2):223–44.

———. 1983c. Corporate Entrepreneurship and Strategic Management: Insights from a Process Study. *Management Science*. 29(12):1349–64.

———. 1991. Intraorganizational Ecology of Strategy Making and Organizational Adaptation: Theory and Field Research. *Organization Science* 2(3): 239–62.

Burns, T., and G. M. Stalker. 1961. *The Management of Innovation*. London: Tavistock.

Burt, R. S. 1992. The Social Structure of Competition. In *Networks and Organizations: Structure, Form, and Action*, eds. N. Nohria and R. G. Eccles. Boston: Harvard Business School Press.

Carroll, A. B. 1975. Managerial Ethics: A Post-Watergate Review. *Business Horizons* 18(2):75–80.

Carroll, S. J., and H. L. Tosi. 1973. *Management by Objectives: Applications and Research*. New York: Macmillan.

Chandler, A. D., Jr. 1962. *Strategy and Structure: Chapters in the History of the American Industrial Enterprise*. Cambridge, Mass.: MIT Press.

Christenson, C. 1972. The Power of Negative Thinking. Working paper 72–41. Graduate School of Business Administration, Harvard University, Boston.

Cohen, M. D., J. D. March, and J. P. Olsen. 1972. A Garbage Can Model of Organizational Choice. *Administrative Quarterly* 17(1):1–26.

Coleman, J. S. 1990. *Foundations of Social Theory*. Cambridge, Mass.: Harvard University Press, Belknap Press.

Cyert, R. M. 1990. Defining Leadership and Explicating the Process. *Nonprofit Management & Leadership* 1(1):29–38.

Cyert, R. M., and J. G. March. 1963. *A Behavioral Theory of the Firm*. Englewood Cliffs, N.J.: Prentice Hall.

Daft, R. L., and S. W. Becker. 1978. *The Innovative Organization*. New York: Elsevier.

Daniel, D. R. 1966. Reorganizing for Results. *Harvard Business Review* 44(6): 96–104.

Dearden, J. 1969. The Case Against ROI Control. *Harvard Business Review* 47(3):124–35.

Deci, E. L., and R. M. Ryan. 1985. *Intrinsic Motivation and Self-Determination in Human Behavior*. New York: Plenum.

Dent, J. F. 1991. Accounting and Organizational Cultures: A Field Study of the Emergence of a New Organizational Reality. *Accounting, Organizations and Society* 16(8):705–32.

DiMaggio, P. J., and W. W. Powell. 1983. The Iron Cage Revisited: Institutional Isomorphism and Collective Rationality in Organizational Fields. *American Sociological Review* 48(April):147–60.

Donaldson, G., and J. W. Lorsch. 1983. *Decision Making at the Top*. New York: Basic.

Drucker, P. E. 1989. What Business Can Learn from Nonprofits. *Harvard Business Review* 67(4):88–93.

Eccles, R. G. 1991. The Performance Measurement Manifesto. *Harvard Business Review* 69(1):131–37.

Ettlie, J. E., W. P. Bridges, and R. D. O'Keefe. 1984. Organization Strategy and Structural Differences for Radical Versus Incremental Innovation. *Management Science* 30(6):682–95.

Fama, E. F., and M. C. Jensen. 1983. Separation of Ownership and Control. *Journal of Law and Economics* 26(2):301–25.

Feldman, M. S., and J. G. March. 1981. Information in Organizations as Signal and Symbol. *Administrative Science Quarterly* 26(2):171–86.

Frank, R. H. 1988. *Passions Within Reason: The Strategic Role of Emotions*. New York: Norton.

Gabarro, J. J. 1987. *The Dynamics of Taking Charge*. Boston: Harvard Business School Press.

Galbraith, J. R. 1977. *Organization Design*. Reading, Mass.: Addison-Wesley.

Gatewood, R. D., and A. B. Carroll. 1991. Assessment of Ethical Performance of Organization Members: A Conceptual Framework. *Academy of Management Review* 16(4):667–90.

Gellerman, S. W. 1986. Why "Good" Managers Make Bad Ethical Choices. *Harvard Business Review* 64(4):85–90.

Geneen, H. 1984. *Managing*. New York: Avon Books.

Ghemawat, P. 1991. *Commitment: The Dynamics of Strategy*. New York: The Free Press.

Gorlin, R. A. 1986. *Codes of Professional Responsibility*. Washington, D.C.: The Bureau of National Affairs.

Govindarajan, V., and A. K. Gupta. 1985. Linking Control Systems to Business Unit Strategy: Impact on Performance. *Accounting, Organizations and Society* 10(1):51–66.

Greiner, L. E., and A. Bhambri. 1989. New CEO Intervention and Dynamics of Deliberate Strategic Change. *Strategic Management Journal* 10(Summer Special Issue):67–86.

Hambrick, D. C., and A. A. Cannella. 1989. Strategy Implementation as Substance and Selling. *The Academy of Management Executive* 3(4):278–85.

Hannan, M. T., and J. Freeman. 1984. Structural Inertia and Organizational Change. *American Sociological Review* 49:149–64.

Hayek, F. A. 1978. The Confusion About "Planning." In *New Studies in Philosophy, Politics, Economics, and the History of Ideas*. Chicago: University of Chicago Press.

Hedberg, B., and S. Jönsson. 1978. Designing Semi-Confusing Information Systems for Organizations in Changing Environments. *Accounting, Organizations and Society* 3(1):47–64.

Hedberg, B., P. C. Nystrom, and W. H. Starbuck. 1976. Camping on Seesaws: Prescriptions for a Self-Designing Organization. *Administrative Science Quarterly* 21:41–65.

Helmich, D. L., and W. B. Brown. 1972. Successor Type and Organizational Change in the Corporate Enterprise. *Administrative Science Quarterly* 17:371–81.

Herzberg, F. 1966. *Work and the Nature of Man*. Cleveland, Ohio: World Publishing.

Hofstede, G. 1968. *The Game of Budget Control*. London: Tavistock.

Holloway, D. 1990. The Catastrophe and After. *The New York Review of Books*, 19 July, 5.

Holmström, B. 1979. Moral Hazards and Observability. *Bell Journal of Economics* 10(1):74–91.

Hopwood, A. G. 1974. *Accounting and Human Behavior*. Englewood Cliffs, N.J.: Prentice Hall.

———. 1987. The Archaeology of Accounting Systems. *Accounting, Organizations and Society* 12(3):207–34.

Iacocca, L. 1984. *Iacocca: an Autobiography*. New York: Bantam Books.

Ijiri, Y. 1975. *Theory of Accounting Measurement*. Studies in Accounting Research #10. Sarasota, Fla: American Accounting Association.

Institute of Management Accountants (formerly National Association of Accountants). 1983. Statements on Management Accounting: Standards of Ethical Conduct for Management Accountants, Statement No. 1C. New York.

Jensen, M. C. 1983. Organization Theory and Methodology. *The Accounting Review* 57(April):319–39.

———. 1993. The Modern Industrial Revolution, Exit, and the Failure of Internal Control Systems. *The Journal of Finance* 48(3):831–80.

Jensen, M. C., and W. H. Meckling. 1976. Theory of the Firm: Managerial Behavior, Agency Costs, and Ownership Structure. *Journal of Financial Economics* 3(4):305–60.

Johnson, H. T., and R. S. Kaplan. 1987. *Relevance Lost: The Rise and Fall of Management Accounting*. Boston: Harvard Business School Press.

Kanter, R. M. 1977. *Men and Women of the Corporation*. New York: Basic Books.

———. 1991. Championing Change: An Interview with Bell Atlantic's CEO Raymond Smith. *Harvard Business Review* 69(1):119–30.

Kaplan, R. S. 1984. The Evolution of Management Accounting. *The Accounting Review* 59(July):390–418.
Kaplan, R. S., and D. P. Norton. 1992. The Balanced Scorecard—Measures That Drive Performance. *Harvard Business Review* 70(1):71–79.
Kaufman, H. 1960. *The Forest Ranger: A Study in Administrative Behavior.* Baltimore: Johns Hopkins Press.
Keller, M. 1989. *Rude Awakening: The Rise, Fall, and Struggle for Recovery of General Motors.* New York: William Morrow.
Kenis, I. 1979. Effects of Budgetary Goal Characteristics on Managerial Attitudes and Performance. *The Accounting Review* 54(October):707–21.
Kohlberg, L., and E. Turiel. 1973. *Moralization: The Cognitive Development Approach.* New York: Holt, Rinehart & Winston.
Kotter, J. P. 1982. *The General Managers.* New York: The Free Press.
———. 1990. *A Force for Change.* New York: The Free Press.
Kuhn, A. J. 1986. *GM Passes Ford, 1918–1938: Designing the General Motors Performance-Control System.* University Park, Penn.: Pennsylvania State University Press.
Langer, E. J. 1989. *Mindfulness.* Reading, Mass.: Addison-Wesley.
Lawler, E. E., III. 1972. Secrecy and the Need to Know. In *Readings in Managerial Motivation and Compensation*, ed. M. Dunnette, R. House, and H. Tosi. East Lansing: Michigan State University Press.
———. 1973. *Motivation in Work Organizations.* Monterey, Calif.: Brooks/Cole.
———. 1976. Control Systems in Organizations. In *Handbook of Industrial and Organizational Psychology*, ed. M. Dunnette. Chicago: Rand McNally.
Lawler, E. E., III, and J. G. Rhode. 1976. *Information and Control in Organizations.* Santa Monica, Calif.: Goodyear.
Lawrence, P. R., and D. Dyer. 1983. *Renewing American Industry.* New York: The Free Press.
Leblebici, H., and G. R. Salancik. 1982. Stability in Interorganizational Exchanges: Rulemaking Processes of the Chicago Board of Trade. *Administrative Science Quarterly* 27:227–42.
Levitt, B., and J. G. March. 1988. Organizational Learning. *American Review of Sociology* 14:319–40.
Levitt, T. 1960. Marketing Myopia. *Harvard Business Review* 38(4):45–56.
Likert, R. 1961. *New Patterns of Management.* New York: McGraw Hill.
Locke, E. A., G. P. Latham, and M. Erez. 1988. The Determinants of Goal Commitment. *Academy of Management Review* 13(1):23–39.
Lorange, P. 1980. *Corporate Planning: An Executive Viewpoint.* Englewood Cliffs, N.J.: Prentice Hall.
Lorange, P., and M. S. Scott Morton. 1974. A Framework for Management Control. *Sloan Management Review* 16:41–56.

Lorange, P., M. S. Scott Morton, and S. Goshal. 1986. *Strategic Control.* St. Paul, Minn.: West.
McGregor, D. 1960. *The Human Side of Enterprise.* New York: McGraw Hill.
McKenney, J. L., M. H. Zack, and V. S. Doherty. 1992. Complementary Communication Media: A Comparison of Electronic Mail and Face-to-Face Communication in a Programming Team. In *Networks and Organizations; Structure, Form, and Action,* ed. N. Nohria and R. G. Eccles. Boston: Harvard Business School Press.
McKinnon, S. M., and W. J. Bruns, Jr. 1992. *The Information Mosaic.* Boston: Harvard Business School Press.
March, J. D., ed. 1988. *Decisions and Organizations.* New York: Basil Blackwell.
March, J. D., and R. Weissinger-Baylon. 1986. *Ambiguity and Command: Organizational Perspectives on Military Decision Making.* Marshfield, Mass.: Pitman.
Maslow, A. H. 1943. A Theory of Human Motivation. *Psychological Review* 50:370–96.
———. 1954. *Motivation and Personality.* New York: Harper & Row.
Mayo, E. [1949] 1975. *The Social Problems of an Industrial Civilization.* London: Routledge & Kegan Paul.
Mercer, D. 1987. *IBM: How the World's Most Successful Corporation Is Managed.* London: Kogan Page.
Merchant, K. A. 1985. *Control in Business Organizations.* Marshfield, Mass.: Pitman.
———. 1989. *Rewarding Results: Motivating Profit Center Managers.* Boston: Harvard Business School Press.
———. 1990. The Effects of Financial Controls on Data Manipulation and Management Myopia. *Accounting, Organizations and Society* 15(4):297–313.
Merchant, K. A., and R. Simons. 1986. Research and Control In Complex Organizations: An Overview. *Journal of Accounting Literature* 5:183–203.
Meyer, J. W., and B. Rowan. 1977. Institutionalized Organizations: Formal Structure as Myth and Ceremony. *American Journal of Sociology* 83(2): 340–363.
Meyer, H. H., E. Kay, and J. R. P. French. 1965. Split Roles in Performance Appraisal. *Harvard Business Review* 43(1):123–29.
Miller, D., and P. H. Friesen. 1984. *Organizations: A Quantum View.* Englewood Cliffs, N.J.: Prentice Hall.
Mintzberg, H. 1973. *The Nature of Managerial Work.* New York: Harper & Row.
———. 1975. *Impediments to the Use of Management Information.* New York: National Association of Accountants.
———. 1978. Patterns in Strategy Formation. *Management Science* 24(3): 934–48.

———. 1979. *The Structuring of Organizations*. Englewood Cliffs, N.J.: Prentice Hall.

———. 1987a. Five P's for Strategy. *California Management Review* 30(1):11–24.

———. 1987b. Crafting Strategy. *Harvard Business Review* 65(4):66–75.

———. 1990. The Design School: Reconsidering the Basic Premises of Strategic Management. *Strategic Management Journal* 11(3):171–95.

———. 1994. *The Rise and Fall of Strategic Planning*. New York: The Free Press.

Mintzberg, H., and J. A. Waters. 1982. Tracking Strategy in an Entrepreneurial Firm. *Academy of Management Journal* 25(3):465–99.

———. 1985. Of Strategies, Deliberate and Emergent. *Strategic Management Journal* 6:257–72.

Morison, S. E., 1935. *The Founding of Harvard College*. Cambridge, Mass.: Harvard University Press.

Nelson, R. R., and S. G. Winter. 1982. *An Evolutionary Theory of Economic Change*. Cambridge, Mass.: Harvard University Press.

Nohria, N., and R. G. Eccles. 1992. Face-to-Face: Making Network Organizations Work. In *Networks and Organizations: Structure, Form, and Action*, eds. N. Nohria and R. G. Eccles. Boston: Harvard Business School Press.

Nonaka, Ikujiro. 1988. Toward Middle-Up-Down Management. *Sloan Management Review* 29(3):9–18.

Otley, D. T., and A. J. Berry. 1980. Control, Organization and Accounting. *Accounting, Organizations and Society* 5(2):231–46.

Ouchi, W. G. 1977. The Relationship Between Organizational Structure and Organizational Control. *Administrative Science Quarterly* 22:95–113.

Pascale, R. T. 1984. Perspectives on Strategy: The Real Story Behind Honda's Success. *California Management Review* 26(3):47–72.

Perrow, C. 1986. *Organizations: A Critical Essay*. 3d ed. New York: Random House.

Peters, T. J., and R. H. Waterman. 1982. *In Search of Excellence*. New York: Harper & Row.

Pettigrew, A. M. 1985. *The Awakening Giant: Continuity and Change in Imperial Chemical Industries*. Oxford: Basil Blackwell.

Porter, M. E. 1980. *Competitive Strategy: Techniques for Analyzing Industries and Competitors*. New York: The Free Press.

———. 1985. *Competitive Advantage*. New York: The Free Press.

———. 1990. *The Competitive Advantage of Nations*. New York: The Free Press.

———. 1992. Capital Disadvantage: America's Failing Capital Investment System. *Harvard Business Review* 70(5):65–82.

Quinn, J. B. 1977. Strategic Goals: Process and Politics. *Sloan Management Review* 19(1):21-37.

———. 1980. *Strategies for Change: Logical Incrementalism.* Homewood, Ill.: Irwin.

Rathe, A. W. 1960. Management Controls in Business. In *Management Control Systems*, ed. D. G. Malcolm and A. J. Rowe. New York: Wiley, 28-60.

Rich, A. J., C. S. Smith, and P. H. Mihalek. 1990. Are Corporate Codes of Conduct Effective? *Management Accounting* 72(3):34-35.

Ridgway, V. F. 1956. Dysfunctional Consequences of Performance Measurement. *Administrative Science Quarterly* 1:240-47.

Roberts, J. L. 1989. Credit Squeeze—Dun & Bradstreet Faces Flap Over How It Sells Reports on Business. *The Wall Street Journal*, 2 March, A1.

Roberts, J., and R. Scapens. 1985. Accounting Systems and Systems of Accountability—Understanding Accounting Practices in Their Organizational Contexts. *Accounting, Organizations and Society* 10(4):443-56.

Rosenbloom, R. S., ed. 1983. *Research on Technological Innovation, Management and Policy.* Greenwich, Conn.: JAI Press. Research Annual Series published in 1983 and subsequently in 1985, 1986, 1989, and 1993.

Ruckelshaus, William D. 1992. When Outsiders Get the Top Job. *New York Times*, 20 March, D1.

Schall, M. S. 1983. A Communication-Rules Approach to Organizational Culture. *Administrative Science Quarterly* 28:557-81.

Schroder, H. M., M. J. Driver, and S. Streufert. 1967. *Human Information Processing.* New York: Holt, Rinehart, and Winston.

Sculley, J. 1987. *Odyssey: Pepsi to Apple . . . A Journey of Adventure, Ideas, and the Future.* New York: Harper & Row.

Selznick, P. 1957. *Leadership in Administration: A Sociological Interpretation.* New York: Harper & Row.

Senge, P. M. 1990. The Leader's New Work: Building Learning Organizations. *Sloan Management Review* 32(1):7-23.

Simon, H. A. 1976. *Administrative Behavior: A Study of Decision-Making Processes in Administrative Situations.* 3d ed. New York: The Free Press.

Simons, R. 1987a. Accounting Control Systems and Business Strategy: An Empirical Analysis. *Accounting, Organizations and Society* 12(4):357-74.

———. 1987b. Planning, Control, and Uncertainty: A Process View. In *Accounting & Management: Field Study Perspectives*, ed. W. J. Bruns, Jr. and R. S. Kaplan. Boston: Harvard Business School Press.

———. 1987c. Codman & Shurtleff, Inc. Planning and Control System. Case Study 9-187-081. Boston: Harvard Business School.

———. 1989. General Electric: Compliance Systems. Case Study 1-189-081. Boston: Harvard Business School.

———. 1990. The Role of Management Control Systems in Creating Competitive Advantage: New Perspectives. *Accounting, Organizations and Society* 15(1/2):127–43.

———. 1991. Strategic Orientation and Top Management Attention to Control Systems. *Strategic Management Journal* 12:49–62.

———. 1992. Asea Brown Boveri: The ABACUS System. Case Study 9-192-140. Boston: Harvard Business School.

———. 1994. How New Top Managers Use Control Systems as Levers of Strategic Renewal. *Strategic Management Journal* 15:169–89.

Simons, R., and C. Bartlett. 1992. Asea Brown Boveri. Case Study 9-192-139. Boston: Harvard Business School.

Simons, R., and H. Weston. 1989. Automatic Data Processing: The EFS Decision. Case Study 9-190-059. Boston: Harvard Business School.

———. 1990a. IBM: "Make It Your Business." Case Study 9-190-137. Boston: Harvard Business School.

———. 1990b. Mary Kay Cosmetics: Sales Force Incentives. Case Study 9-190-103. Boston: Harvard Business School.

———. 1990c. Nordstrom: Dissension in the Ranks? Case Study 9-191-002. Boston: Harvard Business School.

———. 1990d. Turner Construction Company: Project Management System. Case Study 9-190-128. Boston: Harvard Business School.

———. 1990e. USA Today. Case Study 9-191-004. Boston: Harvard Business School.

Stedry, A., and E. Kay. 1966. The Effects of Goal Difficulty on Performance. *Behavioral Science* 11(6):459–70.

Steiner, G. A. 1979. *Strategic Planning: What Every Manager Must Know*. New York: The Free Press.

Sweeney, R. B., and H. L. Siers. 1990. Survey: Ethics in Corporate America. *Management Accounting* 71(12):34–40.

Taylor, F. W. 1911. *The Principles of Scientific Management*. New York: Harper.

Taylor, W. 1990. The Business of Innovation: An Interview with Paul Cook. *Harvard Business Review* 68(2):97–106.

Tiryakian, E. A. 1968. Typologies. In *International Encyclopedia of the Social Sciences*, ed. D. S. Sills. Vol. 16. New York: Macmillan.

Tosi, H. 1975. The Human Effects of Managerial Budgeting Systems. In *Managerial Accounting: The Behavioral Foundations*, ed. J. L. Livingstone. Columbus, Ohio: Grid.

Trice, H. M., and J. M. Beyer. 1991. Cultural Leadership in Organizations. *Organization Science* 2:149–69.

Tushman, M. L., W. H. Newman, and E. Romanelli. 1987. Convergence and Upheaval: Managing the Unsteady Pace of Organizational Evolution. *California Management Review* 29(1):29–44.

Umapathy, S. 1987. *Current Budgeting Practices in U.S. Industry: The State of the Art*. New York: Quorum Books.

Warren, D. L. 1984. Managing in Crisis: Nine Principles for Successful Transition. In *Managing Organizational Transitions*, ed. J. R. Kimberly and R. E. Quinn. Homewood, Ill.: Irwin.

Watson, T. J., Jr. 1963. *A Business and Its Beliefs: The Ideas That Helped Build IBM*. New York: McGraw-Hill.

—— with Peter Petre. 1990. *Father, Son & Co.: My Life at IBM and Beyond*. New York: Bantam Books.

Westley, F. R. 1990. Middle Managers and Stategy: Microdynamics of Inclusion. *Strategic Management Journal* 11:337–51.

Westley, F. R., and H. Mintzberg. 1989. Visionary Leadership and Strategic Management. *Strategic Management Journal* 10:17–32.

White, H. 1985. Agency as Control. In *Principals and Agents: The Structure of Business*, ed. J. W. Pratt and R. J. Zeckhauser. Boston: Harvard Business School Press.

Wiersema, M. F. 1992. Strategic Consequences of Executive Succession Within Diversified Firms. *Journal of Management Studies* 29(1):73–94.

Williamson, O. E. 1975. *Markets and Hierarchies: Analysis and Antitrust Implications*. New York: The Free Press.

Yin, T. 1992. Sears is Accused of Billing Fraud at Auto Centers. *The Wall Street Journal*, 16 June, B1.

Zuboff, S. 1988. *In the Age of the Smart Machine*. New York: Basic Books.

Levers of Control: How Managers Use Innovative Control Systems to Drive Strategic Renewal

by Robert Simons

Original work copyright © 2007 by Harvard Business School Publishing Corporation

Published by arrangement with Harvard Business Review Press

Simplified Chinese translation copyright © 2024 by China Renmin University Press

Unauthorized duplication or distribution of this work constitutes copyright infringement.

ALL RIGHTS RESERVED.